気遣いできる人は知っている!

会話のキホン

元CA・人材教育講師
三上ナナエ

すばる舎

はじめに

あなたは、「贈り物をプレゼントする」という言葉を聞くと、どんなイメージを持ちますか？

うれしい？　楽しい？　ドキドキワクワクする？　はたまた、面倒くさい？　形式的？　義務感？　どんなイメージでしょう？

私は会話、つまり、誰かに何かを話すこと、または聞くことは、贈り物とまったく一緒ではないかと思います。

私が贈り物をもらうときに一番うれしいこと。それは贈り物それ自体もさることながら、その贈り物を贈ってくれた人が自分のために時間を割いて、頭をひねって、心を砕いて、この贈り物を選んでくれたことなのです。

会話も同じです。自分のために時間を使い、言葉を選んで話してくれている。相手のそんな姿勢が心に響き、素直に話を聴けるのではないでしょうか。

あなたが「相手のことを思っている」ということをしっかりと伝えるためには、意識の持ち方、話し方、聞き方にちょっとした工夫が必要です。

それを知っているかどうかで、大げさでもなんでもなく、あなたの人生に大きな違いが生まれるのです。

私も以前は、自分の思っていることをタイミングよく話すことができませんでした。

「これを言ったら怒らせてしまうかな？」

「言ったほうがいいかもしれないけど、でもうまく伝えられないからやめておこう」

そんなふうに思って、自分の思いをあまり人に伝えることができませんでした。

心の中にはいろいろな思いがあるのに、いざそれを表に出そうとすると、怖くて出せない。それが私でした。

冒頭の贈り物の話でたとえるなら、いろいろな贈り物を選びに選んで、でも結局それを相手に渡すのを躊躇してしまうような自分でした。

ＣＡという仕事を選んだ私にとって、ある意味それは致命的な欠陥でした。「私にはＣＡなんて無理なんじゃないか……」。そんな思いが、私の中にずっと居座っていました。でも悩んでいる暇はありません。フライトは待ってくれません。どうすれば怖さを克服して、言葉に出せるようになるんだろう？

いろいろ悩みながら、たくさん失敗しながら、でも少しずつ、そのコツを身につけていきました。同僚や先輩、上司との出会いやお客様との会話を通し、次第に自分の思いを表に出せるようになっていったのです。

人間ですから、どうしても合わない人はいます。それは仕方がない。でもほとんどの場合、そこまで相手のことを理解しないまま、「思い込み」というメガネで相手を見ているのではないでしょうか？

あなたが、もし人間関係に悩んでいるとしたら、もし自分自身に何らかのコンプレックスを抱えていて、自分の思いをうまく人に伝えられないとしたら。

もし人から誤解されやすくて、そのせいでいろいろな損をしてしまっているとしたら。そんな状況を少しでも変えるヒントを贈りたいと思い、この本を書いています。

私は、たくさんの人に「救われて」きました。コンプレックスのかたまりだった私が、こうして皆さんに自分の体験を通して本を書くことができます。

ＣＡを辞めた後も、マナー講師やコミュニケーション講師という手段を通して、たくさんの人に様々なメッセージをお伝えすることができるのは、これまで出会った多くの方々のおかげです。

「贈り物」を贈るかのように、相手のことに思いをはせて想像してみる。その土台の上に、ちょっとした伝え方や聞き方のテクニックを加えていく。

本書を読み終えた後に、「これなら自分にもできそうだ」「ちょっとやってみようかな」と思っていただけたら、これほどうれしいことはありません。

それでは前置きが長くなりましたが、いよいよ本編に入っていきたいと思います。ぜひ楽しみながら、ひとつでも多くのコツやヒントをつかんで実践してみてくださいね。

三上　ナナエ

気遣いできる人は
知っている！
会話のキホン
目次

第1章 話し方を少し変えるだけで人生が開ける

第2章 最初に知っておきたい会話のキホン

第3章

「話し上手」より「聞き上手」が信頼される

第4章 言いにくいことをうまく伝えられるコツ

第5章　人前で「心をつかむ」話し方

第6章 「また会いたい」と思われる人の会話術

ブックデザイン：鈴木大輔・江﨑輝海（ソウルデザイン）
図版：松好那名（matt's work）

第1章

話し方を少し変えるだけで人生が開ける

01

印象に残るのは、「内容」よりも「気遣い」

いい人なのに、誤解されてしまう…

数年前に、「残念な人」という言葉がタイトルについた本を、書店でよく見かけていました。

「残念」は「もったいない」と言い換えることができるかもしれません。

本当はすごくいい人なのに、それが伝わらない人。素直で裏表がないだけなのに、配慮に欠けていると思われてしまう人……など。とっても、もったいないと思います。

私も「残念な人」でした。

「こんなことを言ったら、どう思われるだろう?」

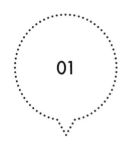

心の中にいろいろな思いが行ったり来たりするのに、うまく伝えられる自信がなく、怖くて言い出せない。

また、思い切って話してみたところで、しどろもどろになり、「何を言いたいのかわからない」なんて言われてしまう。

今振り返ってみると、コミュニケーションを取るときに気をつけることは、本当にちょっとしたことで、それらひとつひとつはそんなに難しいことではありません。

でもそれを知っているか知らないかで、大きな違いが生まれるのです。

自分の中の怖さや恥ずかしさが、自分の思いを伝えることを躊躇させてしまう。

そんなもったいない状況は、ちょっとしたコツを学べば解消できます。

そして、あなたの毎日が今までとぜんぜん違うものになってくる。

シーンや相手、目的によって様々な話し方や聞き方がありますが、うまくいくコミュニケーションには共通点があります。

それは相手への「気遣い」がある、ということです。

「あなたを尊重しています」をどう伝えるか

気遣いとは、相手を尊重することから始まります。

いい人間関係の基本のひとつは、「互いに尊重し合う」ということです。そして、相手にその思いを伝えるためには、なんらかの方法で形にする必要があります。

思っていても伝えないと、相手には伝わらない。

でも先述の通り、相手に何かを伝えようとするとき、人は怖さや恥ずかしさを感じたり、考えすぎてしまったりするものです。

別にこれくらい言葉にしなくてもいいかな、と言い訳を探して結局伝えずにいる。

そうすると、相手は時に、**「この人は私に気を遣ってくれていない、軽く見ているんじゃないか？」**と思ったりしてしまうのです。そんなつもりはないのに、相手に誤解されてしまうことほど、もったいないことはありません。

うまくいく話し方とは、ひと言で言えば、「相手への尊重が伝わるようにする」ということです。

気遣いが伝わる話し方、つまり相手への尊重が伝わる話し方のコツを身につけると、あなたの思いを相手が受けとめてくれるようになってきます。

相手が聞く耳を持ってくれます。そして自分の思いが正しく伝わっていきます。

自分の思いが正しく伝わると、あなたへの信頼は増します。

そして周りの人との関係がぐんぐんよくなることが実感できるでしょう。

仕事や人間関係がうまくいき出すと、それは大きな自信となります。

自信はさらにチャレンジしたい！という気持ちにつながり、プラスのスパイラルをつくることができます。毎日が充実し、どんどん楽しくなっていくのです。

その一歩はほんのちょっとしたコツを知り、実際にやってみることなのです。

できることから少しずつ始めてみてくださいね。

02

「顔色を見すぎない」ほうがうまくいく

「素っ気ないのは私のせい？」

この本を手に取ってくださった方の中には、「がんばっているのに、会話が空回りしてしまう」「どうせうまく話せないなら、何も話さないほうがいい」など、会話自体に苦手意識を持っている方もいらっしゃるのではないでしょうか。

一生懸命話しているのに、沈黙が多くなったり、会話が弾まなかったり。

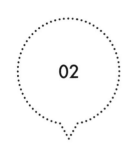

どんな人でも、状況や相手次第で「うまく話せなかったな」ということはあります。

うまく話せないときは、「自分の会話力がないから」と考えてしまいがちですが、実は、

「相手の顔色を見すぎてしまう」ことが原因だったりするのです。

私自身がそうでした。

いつもにこやかに接してくれる人が、ある日なんだか素っ気なかったときがありました。私は「気に障ること言ってしまったかな?」と思い、縮こまってうまく話せなくなってしまいました。

後日、その人はただ単に、プライベートでちょっと悩みがあるだけだった、ということがわかりました。**私が勝手に「気に障ることを言ってしまったのでは」と思い込んでいただけだった**のですね。

勝手に推測せず、本人に聞いてみる

相手に笑顔がなかったりすると、つい「何か気に障ることを言ったかな?」とか「何か悪いことをしてしまったのだろうか?」と、勝手に推測し、自分がドキマギしてしまう。

そんな、「自分の主観で相手の気持ちを勝手に決めてしまうクセ」が私にはありました。

どうにかしてそれを治せないものか？

そこで、おかしいな？と思ったら勇気を出して本人に聞くようにしました。

「何か気になることはありますか？」

すると、相手も「実はね～」とか「そう？　疲れてるからかも……」と答えてくれます。そこで何かしらの理由がわかるのです。

わからないまでも、自分のせいではないということには気づけます。時に私のせいだったりすることもありますが（笑）。

理由がわかると、気持ちがスッとラクになり、うまく話すことができるのです。

単に忙しかっただけかもしれない

ただ、いつも理由を聞けるとは限りません。聞きづらいときもある。そのため、こんな「トレーニング」もしてみました。

普段から話しにくいと感じている人に対しては、どうして私はその人と話しにくいのだろうと、その人の表情、言葉を思い出し、紙に書きます。

そして、書き出した事実に対して、第三者の視点でコメントしていきます。

たとえば、

事実「目をあまり見てくれなかった」
↓「実は防衛本能が強い人なのかもよ」
事実「話を途中で遮られた」
↓「自分の主張に自信があったんじゃないかな」
事実「〝どうしてこれをやらなくてはいけないの？〟という言葉」
↓「責めているわけではなくて、理由を知りたかったんじゃないかな」

このようにトレーニングしていくと、もしも会話の途中で自分が縮こまってしまう状態になったとしても、「いつもの〝思い込みフィルター〟がかかっているかもしれない」と自分を客観的に見られるようになります。

「これは相手の事情、問題であって私は関与できない問題だ」という俯瞰した視点も持てるようになるのです。

また、「自分の思い込みのせいで、うまく会話ができなくなるのはもったいない」と感じるようになり、変に縮こまらなくなっていきます。

とくに、もともと相手の心情を察知することが得意だという人ほど、その感性がネガティブに働くと、自分のせいではないかと誤解してしまいやすくなります。

会話をしていて、ちょっと不安になってしまったときは、ひと呼吸おいて「思い込みフィルターがかかってないか？」と自分に問いかけてみましょう。

スッとラクになって、うまく話せるようになりますよ。

図版
01

振り返りノートをつくろう！

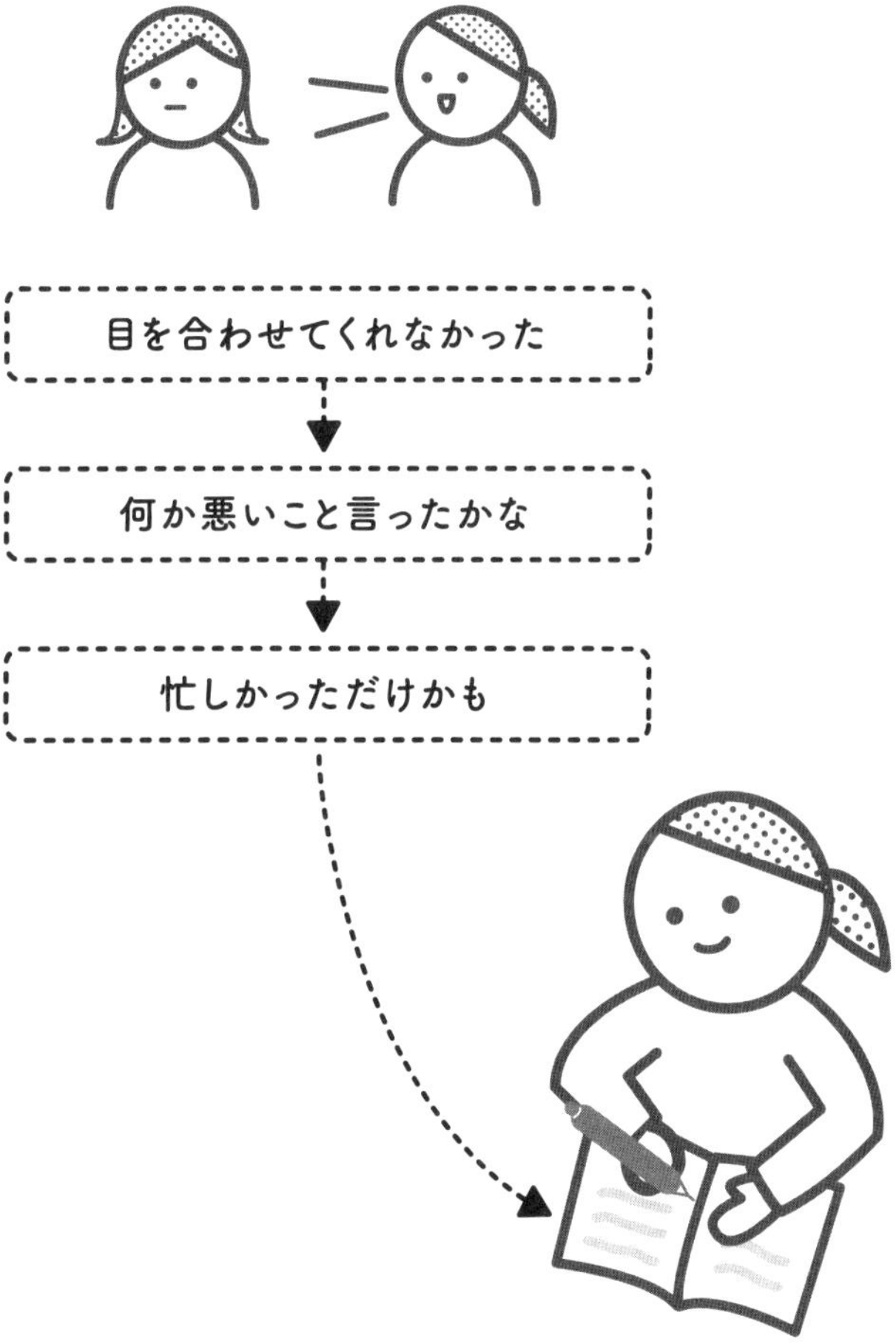

03

つい会話で勝とうとしていませんか？

業界のことを得意気に語ってしまった経験

会話でやってしまいがちなこととして、相手に知識を披露したくなったり、言い負かそうとするということがあります。

これは、無意識に「勝ち」「負け」にこだわっているからかもしれません。相手より自分が優れていると認めさせることで、自信を得ようとする。しかし、言われたほうはもちろんいい気分はしませんね。

私も、聞かれてもいないのに、つい知識を披露してしまったり、相手に反論するために自分の正当性を主張してしまうことがあります。

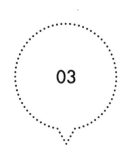

しかし、振り返ってみると、**相手に勝とうとしてよい結果になったことは一度もありません。**

以前、こんなことがありました。

友人同士で話をしていたとき、ふとCAの勤務体制の話になりました。友人たちはCAではなく、職種は様々です。

そのうちの一人が、

「CAの人は、固定メンバーで飛んだほうがチームワークもうまく取れるし、ヘビーユーザーの対応もしやすくなるよね。なんでそうしないのかな〜」

と、CA経験のある私に質問しました。

私はここぞとばかりに、CAのメンバーがフライトでなぜ毎回固定できないのか、その業務上の理由を7個ぐらい、とうとうと語りました。

得意満面になっている私をよそに、質問をしてくれた友人をはじめ、一緒にいた友人たちは、皆なんだか白けた空気になっていました。

友人はそんなにくわしい理由を知りたかったわけではなく、「いいことを思いついたよ！」ということを伝えたかったのでしょう。

できないならできないで、少し理由がわかるくらいでよかったのだと思います。

それなのに、得意気に「私、業界にくわしいでしょ！」という〝ドヤ顔〟で話していた私。とても恥ずかしくなりました。

競わない人のもとには、自然と人が集まる

「相手を負かして、自分が優位になる」

会話をしていると、ついついやってしまいがちです。その瞬間は気持ちがいいかもしれませんが、たいてい相手はいい気分になりません。むしろ自慢気に話されると疲れてしまいます。

相手と勝ち負けを競うのではなく、相手の気持ちを受け取って返す。それが気持ちのいい会話です。

競わない人のもとには、自然と人が寄ってきます。

そういう人は自然と周りから「あの人は素敵よね」とか「あの人はさすがよね」と

言われるのです。

自分が優位に立とうとしなくても、自然と周りがあなたを持ち上げてくれます。

「勝とうとしない意識」で会話する。ぜひ実践してみてくださいね。

04

まずは相手の話を「受けとめる」のがキホン

考えを押し通そうとする人には

誰かと話していて、こちらの要求も聞いてもらいたいのに、相手が自分の考えだけ押し通そうとして困る……ということはないですか。

反論しても、相手はかえってエスカレートして主張を強めていく……。

この場合、先述の通り、相手側が無意識のうちに「勝ち」「負け」にこだわってしまい、話をちゃんと聞くことができなくなってしまっているのです。

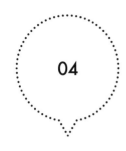

「聞いたら負け」のような意識が働いているのでしょう。

考えを押し通して曲げないタイプの人は、基本的に「自分が」一番正しいと思っている可能性があります。

「自分の考えが正しい」ではなく「自分が正しい」。

「自分の考え」を認めてほしいのではなく、「自分」を認めてほしい。だから、あなたに反論されると、自分を否定されているように感じ、不安になります。

その人にとって、**相手の意見を認めてしまうことは、自分の負けを認めるような感覚**なのでしょう。

では、考えを押し通すタイプの人と、どのようにコミュニケーションを取れば、建設的な話をすることができるのでしょうか？

ポイントは、相手に「負けた」と思わせないようにする配慮です。

「そうですね」は実はＮＧの相づち

まずは相手の話をしっかり聴くこと。そしてそれを「肯定する」のではなく、「受けとめる」ことが重要です。

肯定することと受けとめることは違います。

肯定するとは、「わかりました。そうですね」「私もそう思う」と相手の意見に同意することです。あなたの意見が正しいと認めることです。

一方、受けとめるとは、「こうしたほうがいいということですね」「～と思うのですね」と否定も肯定もせず、相手の言葉を繰り返すことです。

正しいと思っていないのに「そうですね」と肯定するのは、相手を無視しているのと同じことです。自分自身に嘘をついているということです。

そういうときは無意識に表情や声の調子に表れます。すると相手からは「この人、本当にそう思ってる？」とか「この人には自分の意見がないのか」と思われてしまいます。

そう考える「理由」を聞いてみる

とはいえ、受けとめただけでは会話は進みません。かと言って、その後反論したら、結局何も変わりません。

ここでもうひと手間かけてみましょう。受けとめた後は自分の意見を伝える前に、相手がそう考えた背景を知る質問をしてみるのです。

「どんなきっかけで、その考えを思いついたのですか？」

「そう思う理由をぜひ知りたいのですが、教えてもらえませんか」

すると相手は、自分に関心を持ってもらっているという印象を受けます。

そして、あなたのことを、**自分を負かそうとする敵ではなく、味方なのだ**と感じ始めます。

相手がなぜそう思うのか。その考えの背景を理解するようにします。

そして、その理由をふまえた上で、こちらの考えを提案していきましょう。

ちょっと角度を変えて意見を伝える

ひとつ例をご紹介しましょう。

以前、コミュニケーションの研修をしたときのこと。

接客業の方を対象にした研修で、「笑顔の体操」をやってみるというワークがありました。すると、参加者の一人だった60代の男性の方から、「俺が笑ったって気持ち悪いだろう！」と声が上がったのです。

さあ、困りました。もしここで私が「でも、お給料をもらっている仕事なのですから、笑わないとだめです」と即座に反論したら、その方はさらに反論して固辞してしまいそうな勢いです。

いったん、相手の話を受けとめて、どうしてそう思うのか聞いてみました。

「気持ち悪いですか？　どうしてそう思われるのですか？」

すると、その方は、

「昔から〝男子たる者、人前でニヤニヤ笑うな！　おまえは軟弱者か！〟と言われて育ってきたんだよ」

そう話してくれました。

なるほど、その思い込みをいきなり変えるのは難しそうです。

そこで、こんな提案をしてみました。

「そうですか〜、そんなふうに言われてきたのですね。

では、怒ってないのに誰かに〝怒ってる？〟と言われたことはないですか？

機嫌が悪くないのに、そう見えたらもったいないので、機嫌が悪く見えない『表情ストレッチ』をやってみるのはどうでしょう？」

すると、「それだったらやってもいい」という反応に変わったのです。


受けとめて、質問する。そこでの回答をふまえて、角度を変えて提案してみる。

提案は少し難しいかもしれませんが、**相手が回答してくれたことをふまえて、自分の意見を返してみる**、というところまでは、ぜひトライしてみてください。

今回の場合であれば、「笑うのは軟弱だと思われる」という男性の回答をふまえて、「笑うのではなく、機嫌が悪く見えない表情」と言い換えてみる、そんな感じです。

「負けた」と思わせないようにする配慮

また、提案の際にはちょっとした言い方にも気をつけましょう。

「こうやってみるのがいいと思います」

これは口調こそ強くはないですが、内容は命令です。言われた相手は、「認めたら自分の負けだ」と思いやすくなります。

「こうやってみるのはどうでしょう」

これは提案、もしくは依頼です。自分で決断した、という感覚を持ってもらいやすいのです。

ポイントは、相手に「負けた」と思わせないようにする配慮。

自分が勝ちにいこうとすると、最終的にはたいていこじれてしまいますので、ご注意を。

05

雑談にこそ気遣いのコツが凝縮されている

好感度の高いCAの特徴

エレベーターを待っているときなど、「何を話したらいいんだろう?」とドギマギしてしまった経験はありませんか?

うまく言葉が出ずに、ジッとエレベーターの階数ボタンを見つめてしまったり、鳴ってもいない携帯をいじくりまわしてみたり(笑)。

また、**話しかけたものの、こちらからの問いかけが重かったりして、相手に考えさせてしまい、中途半端なまま終わってしまう**、なんてことも。

こういったちょっとした時間に、スマートな会話ができると、好感度が上がったり、

「あの人はなかなかできる人だな」と思われたりするものです。

CAとして働いていたとき、すごく好感を持たれるCAは、やはりこういう会話を大切に上手に使っていました。

天気の話題だけで何分ももたせるには

ちょっとした会話の代表格として、よく出るのが「天気」の話題です。

「天気の話は外を見ればわかるし、だから何?」と思うかもしれません。

しかし**天気の話の目的は、ただ単に天気の情報を交換することではなく、「あなたは、私にとって無言で時間をやりすごすのではなく、気を遣いたい人なのですよ」と伝えること**です。

「あなたを軽んじてはいませんよ」という気持ちを届けるための話題なので、ちょっとした隙間時間に、中途半端にならないように、あえて負担にならない話題を選んでいるのです。

とはいえ、お天気の話だけだと「だから？」と反応がいまいちの人も確かにいます。

その場合は、「お天気の話題＋その人の話題」を話す、という手もあります。

「暑いのに、いつも○○さんは爽やかですよね」

「最近、日によって気温の差が激しいですが、○○さんはいつも元気そうですよね」

「寒いですね～。○○さんは、マフラーをしない派なのですね」

など。

こうすると、相手が主体になるので、会話自体の意味も出てきます。

「○○ですよね？」は魔法の言葉がけ

お天気の話題の他には、「最近どうですか？」という投げかけ方もあります。

時間がある人や、話し好きの人にとっては、自由に話すことができるので、よい投げかけかもしれません。

しかし、一方で「どう？」と漠然と言われると、何を答えていいかわからない人もいるものです。

そこで、

「相変わらずお忙しそうですよね～」

などの「ですよね～」という**軽い断定系の声がけ**を使ってみましょう。

話が長くなったり、また相手が答えに窮してしまったり、ということがなくなるのでお勧めです。

また、これから出かける様子の人に、「どちらにお出かけですか？」なんて声をかけたりする機会もありますよね。

これも詮索のように聞こえる可能性があるので、質問ではなく「お出かけですね？」と話しかけるとよいでしょう。

すると、話しかけられたほうは会釈するだけですむので、相手に負担をかけずに、なおかつコミュニケーションは取ることができます。

普段から相手の服装や髪型などを観察しておくことで、小さな違いに気づきやすくなり、話題にすることができます。

図版
02

ちょっとした時間にできる会話

天気の話から広げてみよう

↓

急に寒くなりましたね　（事実）

＋

○○さんは、マフラーをしない派なのですね
（相手の話）

＋

マフラーをしなくて寒くないですか？
（問いかけ）

「違い」に気づいてくれる相手には好感を持ちやすいものです。

ほんの些細な言葉がけも、「負担をかけず、相手を尊重していることを示す」という目的にかなっていれば、それほど気のきいた言葉でなくて大丈夫なのです。

06

「ジャッジ」しない人にはもっと話したくなる

一流販売員は絶対に「お似合いですね」と言わない

いくら話したいことや聞きたいことがあったとしても、自分が話したいことを一方的に話したり、聞いたりすると、相手にストレスを与えてしまいます。

一方、あなたと会話することで「気づき」があると、あなたに好印象を抱き、もっと話したい、あなたのことを知りたいと人間関係がポジティブに発展していきます。

私の知人に、アパレルの販売で好成績を上げ続けたAさんがいます。

Aさんが「このひと言で劇的に売り上げが伸びた」という秘訣を教えてくれました。

それは、試着から出てきた方に「お似合いですね」と絶対に言わないこと。

そして、その代わりに**「いかがですか」**と声をかけるんだそうです。

「えっ、たったそれだけ？」と思いましたが、その後の説明を聞いて納得しました。

「お似合いですね」は、アパレルのお店でよく店員の方が使う言葉です。

一見、お客様をほめて、お客様をいい気持ちにさせる言葉のようにも思えます。

しかし、試着しているお客様は「この洋服、かわいい」と思って試着してみたものの、

「あれっ？　意外といけてないかも」

と心がざわついていたり、

「イイかもしれない！　でも、もうちょっと違うパターンも試したいな」

と、思っているかもしれません。

試着室で自分の姿を見ながら、手持ちの服とどう組み合わせようかな？といろいろなことに考えをめぐらせている時間でもあるのです。

判断するのは本人

そんな状態で、いざ試着室から出たときに、店員の方から開口一番、

「お似合いですね」

とだけ言われると、本当に気に入っているとき以外は、「本当にそう思ってる？」と思ってしまいますよね。

しかし、「いかがですか」という言葉ならどうでしょう。

「サイズはいいですけど、ちょっと私には色がきつく見えませんか」

「どういうふうに着こなすのが流行なのですか」

「着心地はいいんだけど、何と合わせたらいいか迷うんですよね」

など、試着室で気になったことを、気がねなく店員の方に聞くことができ、モヤッとした思考や感情を整理し、決断につなげることができます。

これは接客だけではなく、営業の場面でも日常生活の場面でも同じです。

自分がジャッジするという上から目線にならず、まずは相手の考え、背中を押してあげることに集中する。

声がけは「心のサポート」です。

相手の気持ちを勝手にジャッジするのではなく、質問してみる。そこで出た言葉に対して応えていく。

ぜひ、うまく活用してみてくださいね。

07

何よりも胸に響く「うれしいですね」という言葉

「よかったですね」は他人ごとで上から目線的

何かいいことがあった話をするとき、相手からどんな言葉が返ってきたらうれしいですか?

たとえば、「よかったね〜」という言葉。

これは思わず言ってしまう言葉です。

でも、この言葉、プラスの意味ではありますが、しっかりと感情を込めて言わないと、他人ごとで興味がないように聞こえてしまったり、評価的に聞こえる可能性もあるのです。

彼　「へえ～、よかったじゃん」
彼女「ちょっと、ほんとにそう思ってる？」
彼　「思ってるよ」
彼女「ウソ。なんか感情がこもってない！」
彼　「ウソじゃないって、ほんとに思ってるって！」

よくありがちなやり取りですよね。

私の経験上、一緒に喜ぶ気持ちが一番伝わりやすいのは、「うれしいね」という言葉です。

長年ずっとコツコツやってきたことを、やっと認められた話をしたときに、聞いてくれた相手が「それはうれしいね！」と言ってくれました。

一緒の気持ちになって喜んでくれているのを感じ、よりうれしくなりました。

私の苦労を想像してわかってくれたような一体感がありました。

「わかってくれた！」と一気に心が近づく

「うれしいね」は「自分の気持ちを代弁してくれたように感じる言葉」です。

そんな言葉を聞くと人は、「わかってくれた！」と喜びが倍増します。

「ワクワクするね〜」

「楽しみだね〜」

「やったね〜」

「努力が実ったね〜」

これらは、「自分の気持ちを代弁してくれたように感じる言葉」です。


このような言葉をかけるには、まず**「相手を評価するような感覚」を捨てる**ことです。

そして、自分もその相手になったかのような感覚で話を聞いてみる。

さらに、自分が言われてうれしかった言葉を覚えておくと、自然に相手の気持ちを代弁するような言葉が出てくるようになります。


悲しいことがあったときも共感してほしいですよね。

ここで、よく言ってしまいがちなのが「かわいそう」という言葉。

しかし、この「かわいそう」という言葉もまた注意しなければなりません。

この言葉は**〝共感〟ではなく、〝同情〟**の言葉です。

上から相手を見ながら、その境遇を憂えているような感覚を抱かせます。

自分はそうではないから言える言葉なのです。

共感とは同じ高さで物を見る感覚、その人になったかのように想像して感じることです。

評価をしない

共感してもらえた！と強く感じるのはどんなときでしょう。

やっぱりここでも、自分の気持ちを代弁してくれたように感じるときなのですよね。

そう感じると、「この人はわかってくれている」と信頼感が増すのではないでしょうか。


「つらかったんだね」

「悲しかったんだね」

「ずっと耐えていたんだね」

これらは、「自分の気持ちを代弁してくれたように感じる言葉」です。


一方、これらは評価的な言葉です。

「よく我慢したね」

「よくがんばったね」


もちろん、これらの言葉もうれしく感じるときもあります。

たとえば、ずっと自分が耐えてがんばっている様子を、そばで見てくれていた人が言う場合、これらの言葉は評価的には聞こえません。

なぜなら、我慢して、がんばっている姿をずっと見ていたからです。わかってくれているという感覚がそこにはもうすでにあるからです。

でもその様子を見ていない人が言えば、「よくやった」という評価的なニュアンスをどうしても含んでしまいます。

上から目線ではなく、横から目線。評価や同情ではなく、共感すること。

相手の気持ちを代弁するような言葉をかけること。

相手との心の距離をグッと縮めるには、こんな感覚と言葉が大事なのですね。

第2章

最初に知っておきたい会話のキホン

08

エグゼクティブほど自分から挨拶する理由

相手が無愛想なのは、自分が無愛想だから？

あなたの周りに「なんか、無愛想だな」とか「いつも黙っていて、少し感じ悪い」という印象の人はいませんか？

そんな人を目の前にすると、自分から挨拶したり、話しかけるのを躊躇してしまったりしているかもしれませんね。

私の家の近所に、小さな八百屋さんがあります。

そこのご主人はいつも挨拶がなく、目も合わせてくれませんでした。

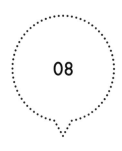

ですから、私もいつも無言でお店に入り、おそらく無表情で買い物をしていたと思います。

近所にあって便利なので、よく利用はしていましたが、好きなお店ではありませんでした。

他のお客さんと楽しそうに雑談をしているご主人の様子を見かけたこともあり、「自分はもしかしたら嫌われているのかもしれない」

そんなふうにも感じていました。

しかし、そんな八百屋さんのご主人の態度が、あるときガラッと変わったのです。

きっかけは、「この前買ったキンピラ、とても美味しかったです」と会計のときに気まぐれで言ってみた、そのひと言でした。

その瞬間、ご主人は今まで見たことのないうれしそうな表情になり、「今度の木曜日にはこんなお惣菜を出しますので、ぜひいらしてください！」と弾んだ声で話してくれたのです。

その変貌に驚きましたが、そのときハッと気づいたのです。実はそっけない態度をとらせていたのは、心を閉ざした私の態度だったのだと。

先に声をかけたほうが、その場の主導権を握る

「どんなときでも、自分から先に声をかける」。この姿勢は、自分の周りの空気を確実によくします。

受講生としてセミナーや研修に参加するときなど、一人で参加している人が多い場合、部屋に入ると、どこかよそよそしい空気が漂っていることがよくあります。

そんなとき、相手から先に挨拶されるとホッとするような気持ちになり、一気に打ち解けたりします。

思い切って、しっかり声を出して顔を見ながら挨拶してみると、よほどのことがない限り、無視されることはありません。

一般的に、こういった会場を観察してみると、隣の席の人に挨拶をする人は、参加人数が50人以上だと2割弱くらいです。

図版
03

挨拶で居心地のいい空間がつくれる！

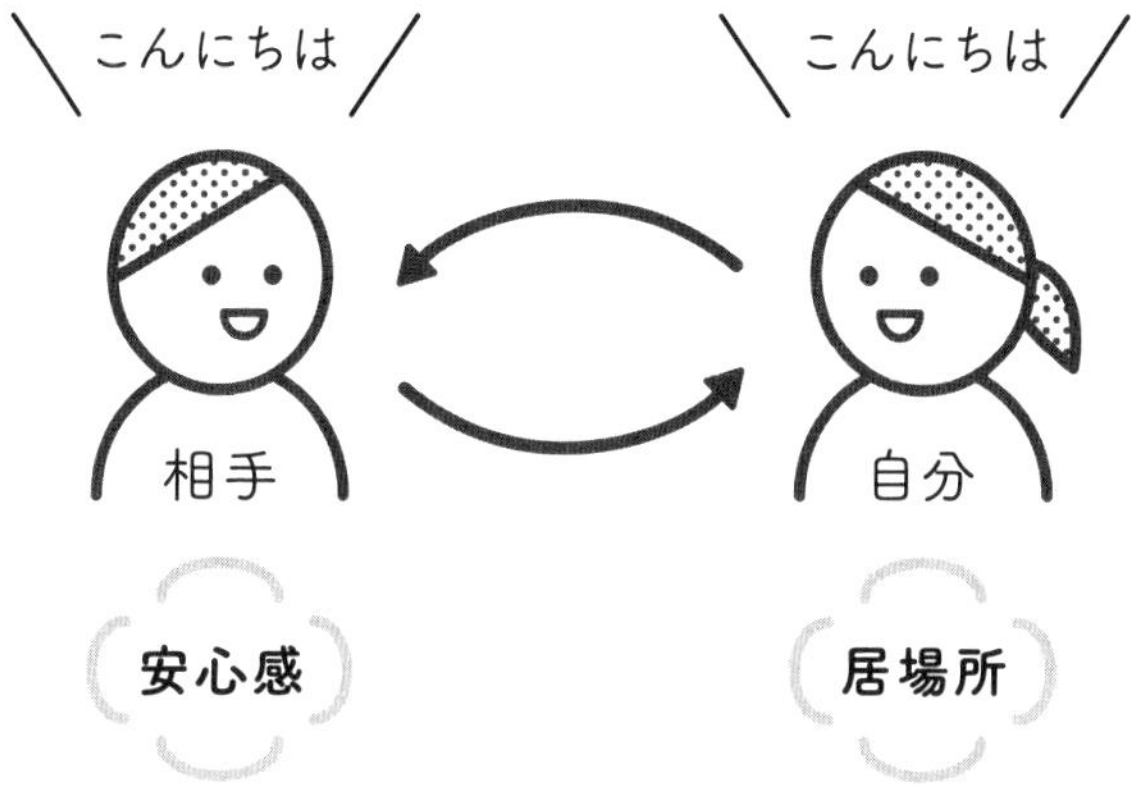

挨拶をすると、確実にその人の周りの空気感がガラッと変わり、その挨拶をした人がその場の主導権を持つ、そんな雰囲気になります。

ＣＡ時代に「エグゼクティブレベルの方々は誰よりも早く挨拶をする方が多い」という話を聞いたことがあります。

実際に意識して観察してみると、確かにそういう場合が多い。

先に挨拶をすることで、その場に安心感やポジティブな空気を生み出して、周囲の人たちはその人に信頼感や好感を持ちます。

そして、挨拶した人はそこに自分の居場所がしっかりとでき上がるのです。

返事が返ってこなくても気にしない

そうやって打ち解けると、会話が自然と弾んできます。情報交換をするきっかけにもなり、思いもよらぬ発見もあり、時間を有効活用することにもつながります。

同じ時間をとっても、価値のあるものにするのか、それとも躊躇してせっかくの機会を逃してしまうのか？　これは大きな差ですよね。

自分から挨拶をして、失うものは何もありません。

時には、しっかり声を出して挨拶しても、相手から返ってこないこともあるかもしれません。ですが、それはたまたま相手が考えごとをしていたり、機嫌が悪いのかもしれないのです。

なかには、他人に心を開かない、と決めているような人に出くわす場面もあるかもしれません。たとえそういうことがあったとしても、あなたにとってのマイナスは何ひとつないのです。

挨拶や声がけは自分から。ぜひ意識してみてくださいね。

09

初対面で楽しく会話を続けるには？

「話したい」サインを送る

初対面の人と話をするのが苦手な人は多いものです。オープンな人を見ながら、「よくあんなふうにできるよな～」なんて思ったりして。

でも実は**オープンに見える人も、初対面の相手には受け入れてもらえるかどうか不安を抱いている**ものです。

初対面の人と上手に話すには、ちょっとしたコツがあります。いくつかご紹介していきたいと思います。

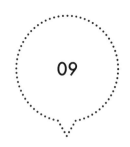

まず、初対面の人と話し始めるときは、相手に「私はあなたと、今から話したいですよ」というサインを送るとビックリされません。不意打ちのように、いきなり話しかけるのではなくサインを送る。そうすると、自分も相手も心の準備ができます。

話したいなという相手がいたら、**〈しっかり体を向け↓アイコンタクト↓近づく↓「今の気持ち」から話し始める〉**という段階をふみます。

体（心臓）が相手に向いていないと、横目で相手を見ることになり、ついでに声をかけた、という印象になります。

アイコンタクトはお互いの存在を確かめ合うサインです。アイコンタクトがないと相手が不安を感じやすくなります。

近づくとき、初対面の人が相手の場合は、「パーソナルスペース」を侵さないようにしましょう。

パーソナルスペースとは、他人に近づかれると不快に感じる空間です。

個人差や関係性によっても、このスペースの広さは違ってきますが、一般的には腕を伸ばしても届かない距離を目安にするといいと思います。

話題は名刺から見つける

「今の気持ち」は、今その場に対して感じていることを、そのまま言葉にしてみましょう。

パーティーやレセプションなどの集まりであれば、

「なんだか緊張しますよね～」

「華やかな方が多いですよね～」

「私、気後れしちゃってます～」

また、勉強会のような場であれば、

「ついていくのが大変です～」

「みなさんの意見がすごくて勉強になります～」

「難しいですが、なんだか楽しいですね～」

図版
04

名刺につっこみやすいポイントを入れておこう

私のプロフィール

1969年9月、大分県生まれ。北海道育ち。
A型 乙女座（動物占い：子鹿）
大手OA機器メーカーで販売促進、
その後、CAとしてANAに入社。トレーナーやチーフを経験。
2005年より講師として独立。研修回数年間100回以上。
著書：『仕事も人間関係もうまくいく「気遣い」のキホン』
好きな食べ物：ホルモン焼き、ジンギスカン

など。

その場の話であれば、同じ空間を共有している相手も共感しやすく、話しやすい雰囲気になります。

また、ちょっとした雑談は、初対面の相手との距離を縮めてくれるものですが、何の話をすればいいかわからない、という方もいるかと思います。

そういう場合は、たとえば名刺に、相手が話しかけやすい情報を書いておくのもいいでしょう。

「年齢」は共通の話題としては盛り上がりますが、初対面ではなかなか聞きづらいものです。そこで、私はあえて「生まれ年」

を名刺に書いています。

すると、名刺交換した際に「同年代ですよ！」とか、「お若く見えますね〜」（お世辞かもしれませんが……）など、相手がその話題に触れてくれ、盛り上がったりします。

「結婚してますか？」よりも「ご家族とお住まいですか？」

こちらから何か質問する場合は、**間口の広い質問**の仕方を意識してみましょう。

なぜなら、人によって答えたくない質問もあるので、あまりピンポイントな聞き方をしてしまうと、ちょっと気まずくなったりすることがあるからです。

以前、セミナーで出会った初対面の20代の女性の方に「どちらにお住まいですか？」と尋ねたことがありました。

このとき、「東海道線沿線です」としか答えが返ってこなかったので、聞かれたくないテーマなんだと思い、話題をすぐに変えました。

こういった場合、「お家は近いのですか」とか「どちら方面なのですか」という間口の広い聞き方をすると、相手が答えの範囲を選べます。

そこで、もし相手がくわしい駅まで言ってくれたとしたら、その話題を広げてもいい、というサインなのです。

他の質問の仕方としては、

「どんなお仕事ですか」より「何系のお仕事ですか」

「ご結婚してるのですか」よりも「ご家族とお住まいですか」

など、答えやすい聞き方をしてみるといいでしょう。

ほんの少しの言葉の違いですが、**相手が答えを選べる配慮が伝わること**が大事なポイントなのです。そうすると「あっ、この人はこちらの気持ちをくみ取ってくれる人だな」と好感を持ってもらいやすくなるのです。


「あなたと話したいというサイン」「その場で感じている気持ちを話す」「名刺のひと工夫」そして「間口の広い質問」。

初対面の人と話をするときは、ぜひこんなことを意識してみてくださいね。

10

実力以上に見せようとがんばらない

第一印象がよすぎると、後が大変

初めて誰かに会うとき、「この人に気に入られたい」とか、「これからぜひ付き合っていきたい」という意気込みがあると、テンションが高めになってしまいがちです。とにかくいい印象で見られたいと思うあまり、がんばりすぎてしまう……。

よく見られたい気持ちはわかります。

ですが、第一印象で実力以上に見せようとするのは禁物です。

気合いを入れすぎてしまうと、それをキープするのがつらくなり、その後ボロが出てしまって評価が大幅に下がってしまう、なんてことになりかねないからです。

またテンションが高めのときは、えてして相手に合わせすぎる会話運びになり、「調子のいい人」という印象になってしまうおそれもあります。

気に入られようとするあまり、冷静でいられず失言してしまう、なんてことも……。

気に入られようと気を遣いすぎて裏目に

私が失敗した経験をご紹介します。

ＣＡ時代、苦手な先輩に気に入られたいあまりに、はりきりモードで力が入り、無理にほめた物が「これすごく安物なんだけど……」と、白けた感じで言われてしまったり。またクライアントの会社の「常務」を「社長」と何度も呼んでしまい、見かねた人に訂正されたこともありました。

自分に自信がないときや、受け入れられるか不安な状況でも、相手に迎合するような言葉を連発してしまいがちです。

そしてがんばって気を遣いすぎ、グッタリしてしまいます。

気に入られたい相手や、これから付き合っていきたい相手と会うという場面においても、その場を必要以上に盛り上げようとせず、**ニュートラルに落ち着いて向き合うことが大事**です。

スタートは6割くらいのテンションで

では、どのようにすれば慌てず空回りせずに、自信を持って振るまえるのでしょうか？　そのために大事なのが「準備」と「ちょっとした習慣」の積み重ねです。

たとえば、

- **相手に関する情報を調べておく**
- **その人の大事にしているものは何か想像する**
- **どんな会話をするか、質問をするか、考えておく**
- **全身鏡を見て身だしなみを整える**
- **余裕を持ってその場所に出かける**

これらの準備をするのとしないのとでは、その場での自信が大きく違ってきます。

また、

・背筋を伸ばす
・笑顔のチェックをする
・深呼吸を3回する

など自分なりの儀式を持って、それを習慣にしてみるのもいいでしょう。

「最後に雰囲気がよく終わればいいんだ」「徐々にエンジンをかけて行けば大丈夫」と自分に言い聞かせることも、突っ走りすぎないための程よいブレーキになります。

大事なのは意気込みすぎず、相手に敬意を持って接すること。最初だけ調子がいい人、という印象にならないよう、自分もその場を楽しめるようにするには「準備」と「初めからがんばりすぎないこと」が大切だと思っています。

「気負いすぎず、スタートは6割くらいのテンションで落ち着いて。徐々によい印象を持ってもらう」。そんなふうにぜひ自分をプロデュースしてみましょう。

11

声の「投げ方」を意識したことありますか？

無視されたのは「聞こえなかった」だけ

挨拶をしても、無視されてしまったことはないですか。

私が実施しているマナー研修で、受講生の方から

「挨拶をしても無視する人には、次回からしないほうがいいのでしょうか」

こんな質問を受けたことが何度かあります。

確かに挨拶を無視されると、存在を否定されたような、いたたまれない気持ちになります。

「この人はそっとしておいてほしいのかな？」と勘繰ったりしてしまいます。

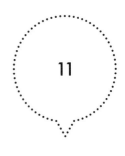

私にも経験があります。以前の職場で部長に挨拶をしたとき、返してくれないことが多々ありました。

しかし同僚と一緒にいるときに挨拶をすると、しっかりと挨拶をしてくれました。私は不安に思って同僚に、「私だけのときは無視されたのに……」と話しました。

すると、同僚は**「あなたは声が小さいから、部長は自分に挨拶されたと思わなかったんじゃないの」**と冗談交じりに慰めてくれました。

自分では声がさほど小さいとは思っていなかったのですが、同僚から「声が小さい」と言われたのもショックでした。

確かによく考えてみると、大きな声で挨拶して無視されたら恥ずかしいと思い、緊張しながらモゴモゴ言っていたのかもしれません。

そのとき、明るくしっかり届く声で挨拶をしている同僚と、自分はあきらかに違うことに気づきました。

そこで次から、その部長に向かって届くように〝気〟を入れて、お腹から声を出してみました。すると！　挨拶が返ってくるようになったのです。

相手の胸に届けるつもりで

以前マナー研修に参加してくれた、自転車置き場の管理人のAさんがこんな話をしてくれたことがあります。

以前は利用者の方に「おはようございます」「いってらっしゃい」と挨拶をしても、ほとんど返ってくることはありませんでした。

なんだか虚しくなってきたので、今日は何人に挨拶を返してもらえるか?とゲーム感覚で楽しんでみようと決めました。

ゲームだと思うと、不思議とおもしろくなってきました。できるだけ返してもらえるように〝あなたに挨拶をしてるのですよ〟と思いを込めて挨拶をすると、なんと挨拶が返ってくる確率が3倍になったのです。

Aさんに挨拶するときのポイントを聞いてみると、

・しっかり体をその人に向ける
・今日もがんばってね、という思いを込める

人との会話は、キャッチボールにたとえるとよくわかります。**ボールを投げるように、優しく放射線を描いて相手の胸に届けるイメージを意識するだけで、言葉がしっかり届きます。実際に返事をしてもらえる確率が格段に増えます。**

また、禁止事項や強めにお願いするときは、胸にまっすぐ声のボールを当てるように、何かのお誘いや無理めなお願いはアンダースローで投げるようにすると、その内容に合った声のトーンと響きになります。

声は振動です。相手の体にその響きが伝わることで、私たちはその人の存在を確認し、それに見合った反応をしているのかもしれませんね。

図版
05

伝わりやすい声の投げ方

① 通常

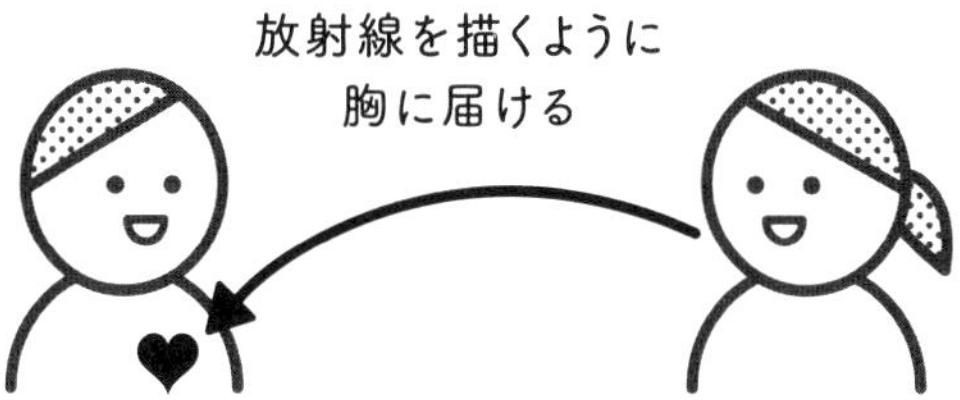

② 禁止事項や強めのお願いをするとき

③ お誘いのとき

12

人はあなたの言葉より表情を読んでいる

「本当にそう思ってる？」と言われるワケ

会話において、言葉や声の大きさ以外にとても重要なものがあります。

それは「表情」です。

電話でやり取りをしていて、「なんとなく元気がない、反応が薄い人だなあ」と感じる人でも、実際に会ってみるとそんなことはなく、意外といい印象だったという経験はありませんか？

表情や態度など、「視覚」が与える印象はとても大きいものです。

私も感情を込めず、なんとなく言葉を発してしまい、失敗したことがあります。

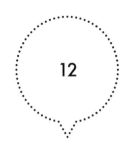

友人の話の相づちを打つときに、「すごいね〜」と言葉を返したところ、「本当にそう思ってる?」と返されたことがありました。

きっと表情や声のトーンに気持ちが表れておらず、上っ面の言葉に聞こえてしまったのでしょう。

言葉の意味と表情、声のトーンが相まって感情が伝わっていくのです。

ビジネスシーンにおいても、表情が乏しいことによって、真意が伝わらず、トラブルを大きくしてしまうこともあります。

相手に共感する気持ちで「そうですか」と言ったつもりが、表情に出ておらず、無関心に聞こえてしまい、相手が「馬鹿にされた」と思ってしまうと、収拾がつかなくなります。

CAもやっている表情筋のエクササイズ

人はわかりやすい反応に安心します。一方で、**何を考えているかわからない相手に**

は不安を抱きます。そして、わかりやすいか否かは表情によって決まるのです。

あなたはどうでしょうか？　きちんと自分の感情が表情に出ていますか？

ＣＡもやっている、表情を豊かにする簡単なエクササイズがあるのでご紹介します。

まず鏡の前に立ちます。

そして、「あ～そうですか」という言葉を、次の①～⑦のモードになって言ってみてください。

①無関心　②不信　③喜び　④怒り　⑤お詫び　⑥感動　⑦驚き

どうですか？　①～⑦で表情の違いを感じることができたのではないでしょうか？

この感覚を意識しながら練習してください。

だんだん表情だけではなく、声のトーンも自然に抑揚が出てきます。

練習が面倒と思う人は、言葉を発するときに、１秒「間」を取って言葉を発してみましょう。間を取ることで、意識して感情を発するスイッチが入りやすくなります。

相手の真意も表情からつかむ

また、自分側がわかりやすく表現するのと同時に、相手の表情を読み取ることも大切です。相手の言葉の内容ではなく、表情によって真意をつかむ。

超一流の寿司職人は、お客様の「美味しいです」という言葉をあまり当てにしないと聞いたことがあります。

いらっしゃるお客様は皆さん、礼儀として「美味しい」と言ってくださる。ですから、本当にお好みであったかは、食べた瞬間の表情を見て判断するんだそうです。

私が以前CAをしていたときも、お客様はCAコールボタン（何か要望や困りごとがあったときにCAを呼ぶボタン）を押すのをためらう方が多かったため、視線で訴えてくる方を見逃さないように目配りしていました。

また、具合が悪いお客様の対応をさせていただく際も、お客様が「大丈夫です」とおっしゃっていても、そのまま鵜呑みにはせず、表情で探っていくことを意識していました。
相手の言葉にできない真意に気づくためには、表情をよく観察し、アクションしていくことが大切なのです。

言葉で言わずとも、表情から何か不安な感じをくみ取ったら、

「何か不安なことはありませんか」

「このまま話を続けても大丈夫ですか」

と、確かめる。
そうすることで、いいコミュニケーションにつなげることも可能です。

目は口ほどにものを言う。
より伝わるコミュニケーションをしていくためにも、ぜひ表情で会話することを意識してみてくださいね。

13

「またよけいなことを言ってしまった！」をなくす方法

同じ失言パターンを繰り返していませんか？

人と話すのが好き、と思っている人でも、ついついやってしまいがちなのが「失言」です。場を盛り上げようとして、かえって場を静まり返らせてしまったり、よけいなひと言で相手を傷つけてしまう、なんてことも。

失言してしまうのを過度に恐れていては、何も言えなくなってしまいますが、かといって繰り返していると、それはそれで信頼を失っていきます。

まずは自身の失言経験を振り返って、同じようなパターンを繰り返さないように予防策を学んでいきましょう。

たったひと言で運命を変えてしまうようなことや、ずっと付き合っていきたい大事な人に対して失言してしまい、関係が壊れてしまった、なんてことにならないためにも、これはとても大事なことだと思います。

パターンを考えるにあたり、**まず自分の失言はどんなときに出てしまいがちなのか傾向を考えてみましょう。**

私の場合、我慢を重ねて最後の手段として、きついことを言ってしまったり、気を許している親しい人に饒舌に話し、調子に乗って口を滑らせ、後で後悔して自己嫌悪になる……というパターンが、多くあることに気づきました。

そのパターンを強く意識して、「今私、失言しそうだよ」と自分に言い聞かせます。

心の中で三つ数えるクセを

失言の傾向は、自分自身が「内向的」か「外交的」なタイプかによっても変わってきます。

■内向的タイプの失言傾向

日頃から発する言葉に気をつけているので、公の場ではほとんど失言をしません。でも、それは一方で抑圧されているとも言えるので、我慢を重ねたときやお酒が入ったときに爆発して、思わず失言しないように注意が必要です。

日頃から感情を表情や言葉に出すようにし、要望も伝えるなど、ガス抜きをしていきます。失言していないのに「失言したかも?」と悩んでしまうこともありますが、していない場合も多いと思って、気にしすぎないようにしましょう。

■外交的タイプの失言傾向

自分のほうが立場が上だと思うと、自慢したくなったり挑発したくなります。大人数の前で、サービス精神から人をネタにして笑いを取ろうとするので、相手を傷つけないように注意しなくてはなりません。

言ってしまった後は、話題にしてしまった人の表情をよく観察するクセをつけ、相手がムッとしていれば、「調子に乗って、気分を悪くするようなことを言ってごめん」と素直にお詫びしましょう。

「そういうつもりじゃない」などと言い訳をしないことが大切です。
相手の言葉にカチンときたときは反射的に言い返さず、売り言葉に買い言葉にならないよう、心の中で三つ数えてから言葉を発するようにします。

いかがですか？　思い当たることはありますか？

素直に謝るのも大切

最後にもうひとつ、**自分の精神状態によって失言をしてしまいがちになるときがある**ということも、わかっておくといいです。

自分ではなぜだかわからないけれど、イライラして、つい何かよけいなひと言や嫌味っぽいことを言ってしまう時期というものもあります。

仕事や人間関係がうまくいかないとき、何かに不安やコンプレックスを感じていたり、体調が影響していたり……自分を守る防衛手段が、失言として表れてしまうこともあります。

図版
06

失言パターンを振り返ってみよう

内向的タイプ

あのときちょっと
言いすぎたかなぁ。
シーンとしてしまったし

・お酒のときなど、ハメをはずさないように注意
・失言したかも？ と悩みすぎない

外交的タイプ

こんなことも
できないなんて

俺の給料は……

・自慢、挑発しないように注意
・相手の表情を見る
・失言したら素直に謝る

そんなときは**「自分の心に耳を傾けなさい」というサイン**ととらえて、自分と向き合ってみてください。そして、その原因を自分なりに理解しようとしてみてください。それがわかるだけでも、心がスッとラクになって、失言を防ぐことにもつながります。日頃から、身近な人や家族に、そういう状態のときには指摘してくれるよう、お願いしておくのもいいかもしれませんね。

いくつかのパターンや傾向を紹介しましたが、これで失言がすべて防げるかというと、そう簡単なものではありません。やはり失言してしまうことはあります。

大切なことは、気づいたら素直に謝るということです。

先述の外向的な人のパターンでも少し触れましたが、謝ることはとても大切です。変なプライドを捨てて、素直に謝る。

正当化しない、言い訳しない態度が、信頼につながるのではないでしょうか。

14

誰とでも会話を弾ませられる人の秘密

なぜかかみ合わない、盛り上がらない…

ある人とは自然体で楽しく話せるのに、別の人とは気をきかせて話しても、どうも話がかみ合わない。そんなことはありませんか？

実は、**会話のリズムやスタイルは人によってタイプが違う**のです。このタイプに合っていないと、いわゆる「かみ合わない」ということが起きます。

話がかみ合うと、「この人はわかってくれる人だ！」と、強い信頼感を得て、仕事がしやすくなります。

私も相手のタイプを考えず、言葉を選ばなかった結果、気まずい空気になってしまったことがあります。

・聞かれてもいないのに講釈をしてしまい、うかない表情をされてしまった……。
・プレゼンが終わった先輩によかれと思って「さすがですね～」と言ったのに、何も反応がなかった……。
・グループで会話に入れていない人がいたので、気をきかせたつもりで無茶ぶりをしたら嫌な顔をされてしまった……などなど。

もちろん、タイプがわかっていれば、いつも会話がうまくいくとは限りません。

でも、相手のタイプを意識することで、もし会話がかみ合わなくなっても「あっ、ちょっと切り口を変えてみようかな？」とか、「このタイプにはこうしたほうがよかったかな？」と考えることができるようになります。

そうすると気持ちも落ち着いて、結果的にうまく会話できたり、大きな失敗が回避できたりします。

タイプによって話し方を変える

会話のリズムやスタイルは、大きく分けて四つのタイプがあります。

・親分タイプ（論理的×直接的）
・分析タイプ（論理的×遠回し）
・好奇心旺盛タイプ（感情的×直接的）
・縁の下の力持ちタイプ（感情的×遠回し）

それぞれタイプ別に、会話の際のポイントはこんな感じです。

・親分タイプ（論理的×直接的）

礼儀やマナーを大切にしている方が多いので、最初の挨拶が肝心です。何かをしながら片手間に接するような態度は厳禁。

このタイプの人は堂々としているので、こちらがつい圧倒されてしまうこともありますが、おどおどせず、背筋を伸ばし、はっきりと話すことを意識します。

こちらが話をしている途中で、相手がかぶせるように話し始めたりすることもありますが、決して否定しようとしているわけではないので、安心してください（笑）。

「漠然としたほめ言葉」は、何か裏があると勘繰られるのでNG。

教えられるより教えることを好むので、「ぜひ教えてください」というスタンスで、考え方や活躍した話を聞いてみると、喜んで話してくれる方が多いです。

・分析タイプ（論理的×遠回し）

第一印象はクールに見えるので、つまらないのかな？と不安になるかもしれませんが感情が表に出にくいだけです。

不自然に盛り上げようとせず、相手に合わせて淡々としたペースで話してみてください。

無理にこちらがテンションをあげようとしたりすると、かえって警戒されたりすることがあるので気をつけましょう。

最初からプライベートな話をすることは好みませんが、人の好き嫌いは少ないので、徐々に信頼関係を築ければ長く付き合える可能性があるタイプです。

情報交換や話す回数を増やすことを意識するといいです。

・好奇心旺盛タイプ（感情的×直接的）

テンションが高く、その場の中心になりやすい人です。第一印象などで感じたこと、身につけているものなどをほめると、一気に距離が縮まります。「素敵です」とか「いい感じですね」など、具体的な言葉でなくても喜んでくれます。

ひらめきやノリで話を進めていくタイプなので、難しい話やだらだらと長い話は好みません。

アイデアや夢をテーマにした話が好きなので、そんな質問をしてみると盛り上がるでしょう。手をたたいたり、身体を揺らしたり、ジェスチャーが多いのも特徴です。

・縁の下の力持ちタイプ（感情的×遠回し）

穏やかな印象で、話し方もゆったりしています。聞き上手な人なので、ついつい自分のことばかり話してしまわないように気をつけてください。

聞かれた質問は、自分にも聞いてほしい質問だったりするので、話し終わったら聞き返すことを心がけてみてください。

はっきりＮＯと言えないタイプなので、何かを誘うときなどは表情をよく観察し、無理をしていそうであれば、無理強いしないことが大切です。

控えめですが、自分の細やかな気配りに気づいてほしいという欲求があります。気配りに対して、うれしさや感謝の気持ちを伝えるといいでしょう。

図版
07

タイプ別に話し方を変えてよう

●分析タイプ
（第一印象はクール）

・情報交換などで話す回数を増やそう

●親分タイプ
（堂々とした印象）

・最初の挨拶が肝心
・教えてください！という姿勢で

●縁の下の力持ちタイプ
（穏やかな印象）

・相手の話を積極的に聴くようにしよう

●好奇心旺盛タイプ
（テンションが高い、場の中心人物）

・身につけているものをほめてみよう

自分のペースを押し通さない

さあ、いかがでしたでしょうか？　あなたの周りの人はどんなタイプですか？

もちろん人のタイプは一筋縄でいかない、複雑なものです。

前述のように接したらすべてうまくいくかというと、そんな単純なものではないかもしれません。

しかし、少なからずタイプを意識して接してみると、思った以上にうまく会話ができるケースが確実に増えると思います。

自分の得意な接し方だけを通していては、特定の人としか親しくなれません。

自分の接し方のパターンを増やしていくと、幅広いタイプの人と無理なく上手に付き合っていくことができるようになります。

その結果、自分の世界や可能性を広げていくことができるようになりますよ。

第3章

「話し上手」より「聞き上手」が信頼される

15

「相手が話したいこと」を聞くのが聞き上手

「質問」は話が弾む重要スキルだけれど

会話が苦手な人は「上手な話し方」を身につけようとしがちですが、実は気のきいた話ができることよりも、いかに相手の話をしっかりと聴けるかが会話上手のポイントとなってきます。

しっかりと相手の話を聴くことで、相手はもっと話したくなり、こちら側に興味を持って質問を投げかけてくれます。すると、会話の流れがスムーズになり、会話を無理なく続けることができます。

「質問」というのは、会話を弾ませるとっても役に立つスキルです。

質問は相手の話を促すわけですから、自分が一方的に話すことを避けることができます。

自分の側に話すべき内容がなかったとしても、相手に質問することで、どんな相手とも会話を成り立たせることができる有効なスキルです。

しかし使い方を間違えると、かえって相手の気持ちを萎えさせてしまいかねません。

質問には「自分の興味で聞く質問」と、「相手の興味に照準を合わせた質問」の二通りの視点があります。

知人のAさんとは、とても会話が弾むので、何かコツがあるのかと観察してみました。すると、Aさんは初めて会った人との雑談がとても自然で、人によってポイントをついた話題を提供しているのです。

Aさんは男性ですが、女性の持ち物で人気のあるブランドなども気づいて、話題にしていきます。

「そのバッグのその色は初めて見ました。新作ですか?」

「モノトーンの洋服なのにセンスを感じます! どこのブランドですか?」

など。

男性が女性の持ち物について話題にするのが新鮮だったので、話題の選び方について聞いてみると、こんな答えが返ってきました。

「以前、女性だけのチームのマネジャーをしていたとき、最初はなかなかうまくチームをまとめることができなかったのです。ただ指示したり業務の話だけしてしまって、ギクシャクしてコミュニケーションもうまくいかず、成果も上がりませんでした。

そこで成果を上げている仲間に悩みを相談したところ、

『相手の興味は何なのか考え、それを話題にするところからスタートしてはどうか』

とアドバイスしてもらったのです」と。

チーム成績を全国1位にしたマネジャーの雑談力

そこで、Aさんは、メンバーが興味を持っていることを考えて勉強したそうです。

職場は美容業界でファッショナブルな女性が多かったので、女性誌を読んだり、友人に教えてもらい、知識をつけていきました。

すると、今まで目にも入ってこなかった女性のこだわりに気づくことができ、話題にすることができるようになっていきました。

声をかけるきっかけができると、話す回数も増え、会話も弾み、距離も縮まってくるのを実感できたそうです。

そして徐々にチームの成果も上がっていき、最終的には自分のチームが全国1位の営業成績を上げるまでにしたのです。


ただ質問しようとすると、自分が興味のある範囲だけの質問になりがちです。

しかし、Aさんは自分が女性のファッションに興味がなくても、相手にとって興味があり、話しやすい話題を提供することで、お互いの関係を近づけることに成功しました。

「自分が知りたいこと」を聞いていませんか？

相手との共通点を見つけるということは、会話の王道です。

しかし、ただやみくもに共通点を探すのは、会話を弾ませるには少し物足りない。

会話を弾ませたい相手がよく話題にすることをリサーチして、勉強することが大切です。

九州に、ある企業研修で雑談のロールプレイに行ったときのことです。

私がお客様役となり、自然に雑談を3分してみましょう、というお題を出しました。

私は研修の初めに、「東京から来ました」と自己紹介をしていたので、

「スカイツリーには行きましたか？」

「東京で美味しいラーメン屋さんはどこですか？」

「満員電車での通勤は大変ですか？」

などの質問がたくさん出てきました。

でも、これでは盛り上がりにくいのですね。これは、単に「質問する人が知りたいこと」なのです。

一方で、話が弾んだ質問は、
「CAを辞めたときの心境はどうでしたか」
「CAのときと講師の今と、やりがいの違いはどんなところですか」
このような質問でした。これもまた自己紹介のときに、「私は元CAで～」と話していたことです。

しかし、先ほどのような東京の話題ではなく、私に興味を持ってくれているのを感じ、3分間があっという間に経ってしまいました。

質問される側を意識せずに、自分が知りたい質問の連発では、相手も「私に興味を持ってくれている」という感覚にはならず、話をしたい気持ちになりません。

逆に、**「自分のことをわかろうとしてくれている」と感じられたとき、それが相手に心を開くキッカケになる**ことが多いのです。

何に興味がありそうか探る

自分がしている質問は「自分が知りたいこと」なのか、それとも「相手が話したいこと」なのかを、後で振り返ってみると、自分の質問のクセにも気づきやすくなります。

そして、相手が興味のありそうなことの情報収集をしたり、勉強したりしてみる。

ほんの少しでかまいません。

そうして、相手との会話の中で、興味がありそうなことについての質問をしていく。

興味があることであれば、当然話すことが楽しいでしょう。

グッと距離が近づいた感覚にもなりやすいのです。


相手の興味をベースに会話をする。

そんな意識と準備が、あなたを間違いなく会話上手へと変身させてくれます。

図版
08

思わず答えたくなる質問をしよう

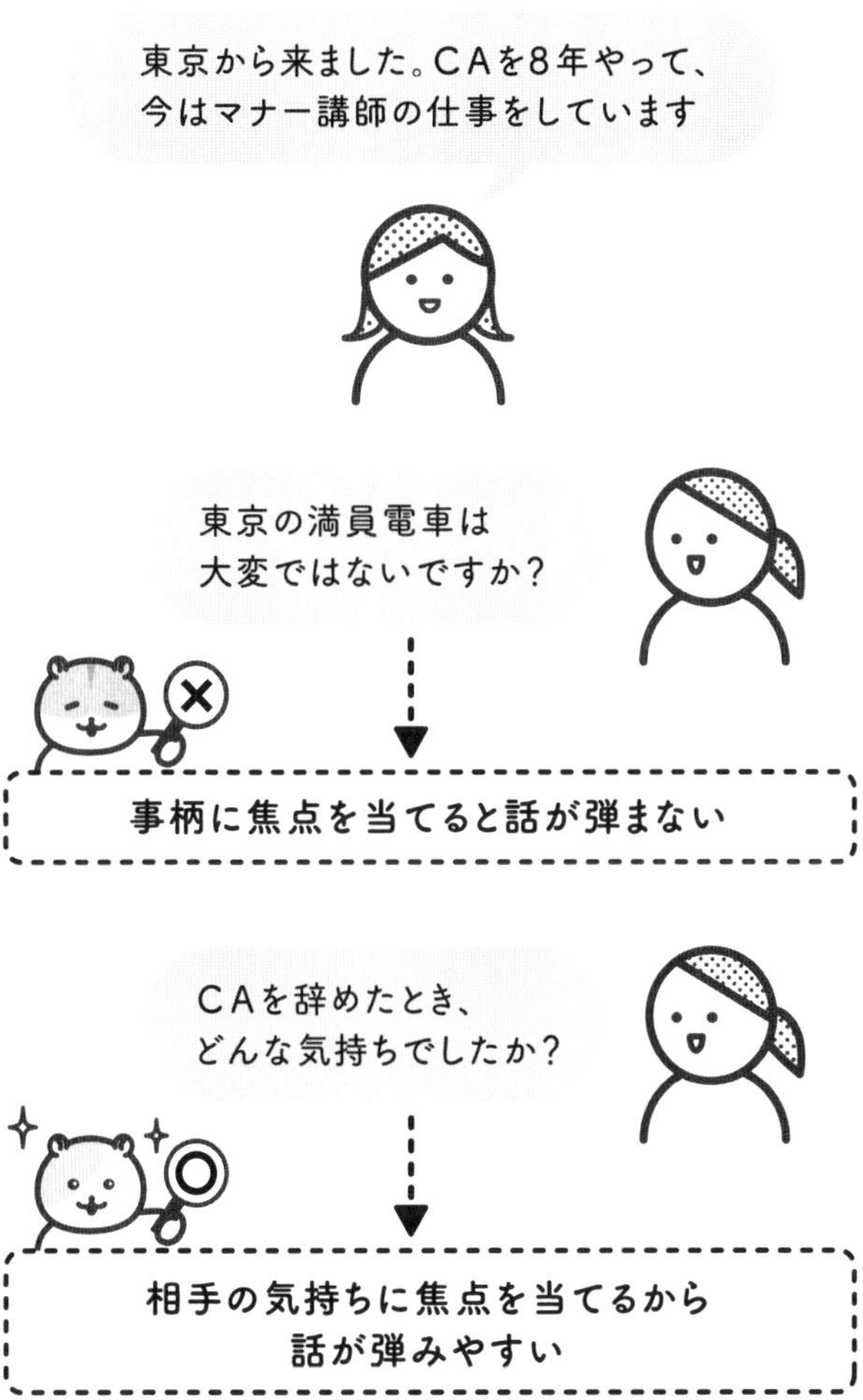
東京から来ました。CAを8年やって、
今はマナー講師の仕事をしています
東京の満員電車は
大変ではないですか？
事柄に焦点を当てると話が弾まない
CAを辞めたとき、
どんな気持ちでしたか？
相手の気持ちに焦点を当てるから
話が弾みやすい

16

知らぬ間の「会話泥棒」に注意！

最後まで聞かずに話題を横取りしてしまう

相手が話そうとしている話題が自分にとってもタイムリーであると、つい悪気なく横取りしてしまう。気をつけないと、そんな「会話泥棒」になってしまうことがよくあります。

自分では横取りしているつもりがなくても、気がつくと人の話題を借りて自分の話をしてしまっているのです。

たとえば、

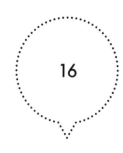

Aさん「この前、富士山に行ったんだけど……」
Bさん「富士山に行ったんだ！　私も今年初めて登ったんだよね！　登ったの？」
Aさん「いや、登ってはいないんだけどね……」
（なんか続きを話しづらくなっちゃったな……）

どのあたりが、会話泥棒になっているかわかりましたか？


Bさんは話をいったん返しているつもりですが、実はAさんは登った話ではなく、富士山に行くまでの道のりでのハプニング、はたまた富士山周辺の観光スポットについて話をしたかったのです。

でもBさんは「富士山」と聞いて、自分が登ったことを思い出し、Aさんも登った話をしようとしてるんだ！と勝手に思い込んで先回りしてしまったのです。

そして、Aさんの話ではなく、「自分も登った話」をしてしまいました。

Aさんにしてみたら、**自分が話したい話題ではなくなってしまい、話す気が萎えてしまいます。**

先回りな答えは「暴投」

キャッチボールにたとえると、受け取ったボールをあさっての方向に投げ返し、「暴投」しているのと同じです。相手は球を取りに行くのも面倒で、いちいち軌道修正しないで、消化不良のまま終わってしまうのです。

私自身も「やってしまった！」という経験があります。

CA時代、仕事で後輩のAちゃんが
「悩みを聞いてほしいのですが……」
と、意を決した面持ちで言ってきてくれました。

そのときの私は少し仕事のことで焦っていて、時間があまりありませんでした。

Aちゃんの上司は厳しくて有名なBさん。私は「AちゃんはBさんのことで悩んでいるに違いない！」と決めつけ、

「Bさんのことでしょ！」

とAちゃんが話す前に言ってしまったのです。

「違います……」

と、三上さんに相談するのはどうなのか……という表情をしたAちゃんの顔が、今でも忘れられません。

会話泥棒は、友人との会話が楽しく気分が高揚して、気を抜きすぎてしまっているとき、また忙しくて余裕がないときなどにとくに起こりがちです。そして後から思い出し、自己嫌悪に陥ってしまう……。

自覚して自己嫌悪に陥ることができればまだいいほうで、無自覚でいると、いつの間にかそれが習慣になってしまいます。

そのうち友人にもうんざりされてしまって、大切な友情にもひびが入ったり、ビジネスのシーンで信頼関係を崩してしまったりしかねません。

「それから？」と続きを促す相づちを

では、どうしたら「会話泥棒」にならずにいられるでしょうか？

横取りしないための対処法は、「横取りに気をつけよう！」とまず自分に言い聞かせることです。

「えっ、それだけ？」と思うかもしれませんが、これが一番大事なのです。

会話泥棒の特徴は「意識しないうち」にしてしまうこと。だから、まず「意識をすること」が一番の対処法なのです。

そして**相手が話し始めたら、先回りして会話の行き着く先を自分で決めつけない**。

相手の話したい話題がみえてくるまで慌てず、「それから？」という言葉で話を促していきます。

途中で話がわからなくなりそうなときは質問してもＯＫですが、横道にそれるような質問をせず、「どんどん続きを話してね！」という気持ちで相づちを打っていきます。

そうやって意識し、習慣にしていくと、自然に横取りグセは治ってきます。
「相手が話し終わるまで聞くこと」が、聞く側のマナーのキホン中のキホン。
ぜひ会話の前には「慌てず、先回りせず、横取りせず」を意識してみてくださいね。

17

沈黙は怖くない

「何か話さなくちゃ」と焦ってしまう

会話をしているとき、沈黙してしまうのが「怖い」とか「マズイ」と感じる人は多いものです。沈黙が「怖い」とか「マズイ」と感じる人は、ほとんどの場合、沈黙は悪いことだという思い込みを持っています。

沈黙→「このままではマズイ！」→「なんとかしなくちゃ！　でも何も浮かばない……」と焦る。

こんな感じで、いたたまれない気持ちになってしまう。

しかし沈黙は本当に悪いものなのでしょうか。

会話に一切隙間ができないくらいに話し続けてしまう人は、沈黙したら相手を退屈させてしまうのではないかと思い込んでいる場合もあります。

過度なサービス精神から、なんとか会話を続けようとがんばりすぎてしまうのです。

しかしそれを聞いている側は、**相手が隙間なくしゃべっているのを聞くのも疲れるし、なんだか無理をさせているのだろうか**と逆に気を遣って、ギクシャクしてしまうことがあります。

よい休憩にもなる

沈黙しているからといって、相手が退屈していたり、気まずい思いをしているとは限りません。

以前、仕事関係の方に車を運転していただき、目的地まで二人きりで1時間過ごす機会がありました。

「会話が弾まなかったらどうしよう……」

と心配になりましたが、

「ずっと話しかけられても運転する人も疲れるだろうから、沈黙の時間もつくろう」

と最初に心づもりをしておきました。

すると、不思議と車内に沈黙が生まれても、「今はお互いの休憩時間」と思えたので、リラックスした状態でいることができました。

会話にもよいメリハリが出て、かえって自然な時間が流れることにもつながったのです。

ゆっくり考えてもらう時間

また、仕事の打ち合わせのときに、相手に質問をして話を進めているうちに、その相手が黙ってしまうということがありました。

私は「自分の質問がわかりづらかったかな?」とか「相手が返しづらい言い方をしてしまったかな?」と思い、必死で相手が話しやすくなる言葉をかけようと、とにかく途切れず話をしました。

その打ち合わせが終わると、同席していた人から
「沈黙は頭の中を整理したり、何かを生み出す時間でもあるんだから、待つことも大事だよ」

と言われ、ハッとしました。

私は自分勝手に解釈して、逆に相手が考える時間や理解する時間を奪ってしまっていたのです。


このように沈黙は、会話のリズムを生み出したり、相手に考える時間や理解する時間を与える、といった役目も果たしています。

そう考えると、**沈黙は悪いものでないばかりか、むしろ必要**だと思いませんか？

「沈黙は決して悪いものではない」という意識を持つだけでも、沈黙が怖くなくなっていきます。

すると、相手の沈黙に振りまわされず、変にがんばりすぎず、リラックスして相手の様子を見ることができるようになります。

心に余裕ができてくると、今の沈黙はそのままにしておいたほうがいいのか、何か話題を振ったほうがいいのか?といったことがわかるようになってきますよ。

18

人の悩みは「気持ちを受けとめる」だけでいい

アドバイスは求められていない

人に悩みを聞かせてもらったとき、よかれと思ってアドバイスをしたのに、相手は何か浮かない顔をしたまま。そんなことはありませんか？

「私に相談してくれたのは信頼してくれている証」とばかりに、何か相手にとって心がラクになるような答えを探したり、役に立つアドバイスをしなければと一生懸命になっているのに、よけい相手は落ち込んだり、イライラしたり……。

そうするとなおさら「もっと的確にアドバイスしなければ」とか「他の提案をしな

ければ」と焦ってしまい、さらに気まずくなっていく……。

実はこんなとき、相談してきた相手がほしいのはアドバイスではないのですね。

聞いてもらえるだけでラクになる

以前、彼氏のことで悩んでいる友人の相談に乗ったとき、ひと通り悩みを聞いた上で、「あなたは悪くない」という感じでアドバイスをしたことがありました。

すると、その友人に「そんなこと言ってもらってもしょうがない」という表情をされてしまったのです。

私は焦って、さらに「彼はこういう人なんだし、悪いのは彼のほうだよ」……など、「あなたは悪くない理由」を一生懸命友人に伝えました。

でも言えば言うほど、友人を元気づけるどころか、ますますため息をつかれてしまいました。

どれも友人に前向きになってほしいという思いから、一生懸命アドバイスをしたのに……。

でも、そのとき、悩みを抱えていた友人が本当に求めていたのは、**「自分の苦しい気持ちを聞いてほしい、わかってほしい、この感情を受けとめてほしい」**ということだったのです。

人は一人で悩んでいるとき、その苦しい気持ちを吐き出したい、誰かに聞いてもらいたいという思いがあります。

まず、その気持ちを受けとめてほしいのです。その気持ちに応えることなく、すぐさまアドバイスをしても相手は聞く気にはなれません。

この思いを受けとめないままアドバイスしてしまうと、そこに「コミュニケーションのすれ違い」が起きてしまいます。

「大変だね」のひと言で救われる

コミュニケーションのすれ違いの例としてよく聞くのは、旦那さんが奥さんの悩みに答えたら逆に機嫌が悪くなった、という話です。

奥さんが「ママ友でいつも嫌味っぽいことを言ってくる人がいる」なんてことを、ご主人に話します。

するとご主人は、

「そんなの気にするほうがおかしいよ」

「そんなに嫌だったら、その集まりに行かなくてもいいんじゃない」

「はっきり言ったほうが今後のためにいいんじゃない」

などと、至極まっとうなアドバイスをします。確かにその通り。


しかし、奥さんはこう思うわけです。

「そういうことじゃないんだよね」

「あなたは何もわかってない」

「大変なことはいつも私に押しつけて、何も聞いてくれないのよね」


せっかくよかれと思ってアドバイスした旦那さんは混乱します。

「えっ、俺はちゃんと聞いてるし、悩みに答えてやったのに、なんでそうなるんだ!?」と。

もし、旦那さんが、「大変な思いをしながら家庭を守っているからこその悩みなんだな」と奥さんの心情を理解し、受けとめた上でアドバイスしたらどうでしょう。

「そんなこと言われたんだ、大変だなぁ。それは腹が立つな。嫌な気持ちになっただろ? それなのに家のこともがんばってくれてるよな。で、こうするのはどうかな?」

その場合、奥さんは、

「あなた、本当に私のことわかってくれてる。ありがとう、そうしてみるわ」

と、旦那さんのアドバイスを受け入れやすくなります。

悩みを抱えている人にとって、味方がいる、わかってくれる人がいると感じられることほどホッとすることはありません。

まず気持ちを受けとめてから、自分の考えとしてアドバイスを伝えていく。

「順序立てて話すこと」で相手は安心するのです。

答えはすでにその人の中にある

私の友人に、人からよく相談をされるAさんがいます。

以前、私がAさんに話を聞いてもらったときに、これといったアドバイスはされないにもかかわらず、話し終わると、すごくすっきりしたことがありました。

印象的だったのが、

「そのときどういう気持ちでそう言ったのかな」

「どうしてそう思ったんだろうね」

という感じで、「考えを引き出してくれる質問」をしてくれたことです。

そうやって質問してくれることで、そのとき気づいていなかった自分の気持ちに気づくことができました。

根気よく人の気持ちに焦点を当てて、受けとめながら話を聞くのは大変なことです。ついつい相手の話もそこそこに、こちらが考えていることを言いたくなってしまいます。

でも大事なのは、まず、気持ちを受けとめてあげること。

その上で、どうしたらいい？と聞かれたら「私はこう思うよ」と、一般論でなく、

図版
09

相手の気持ち、受けとめていますか？

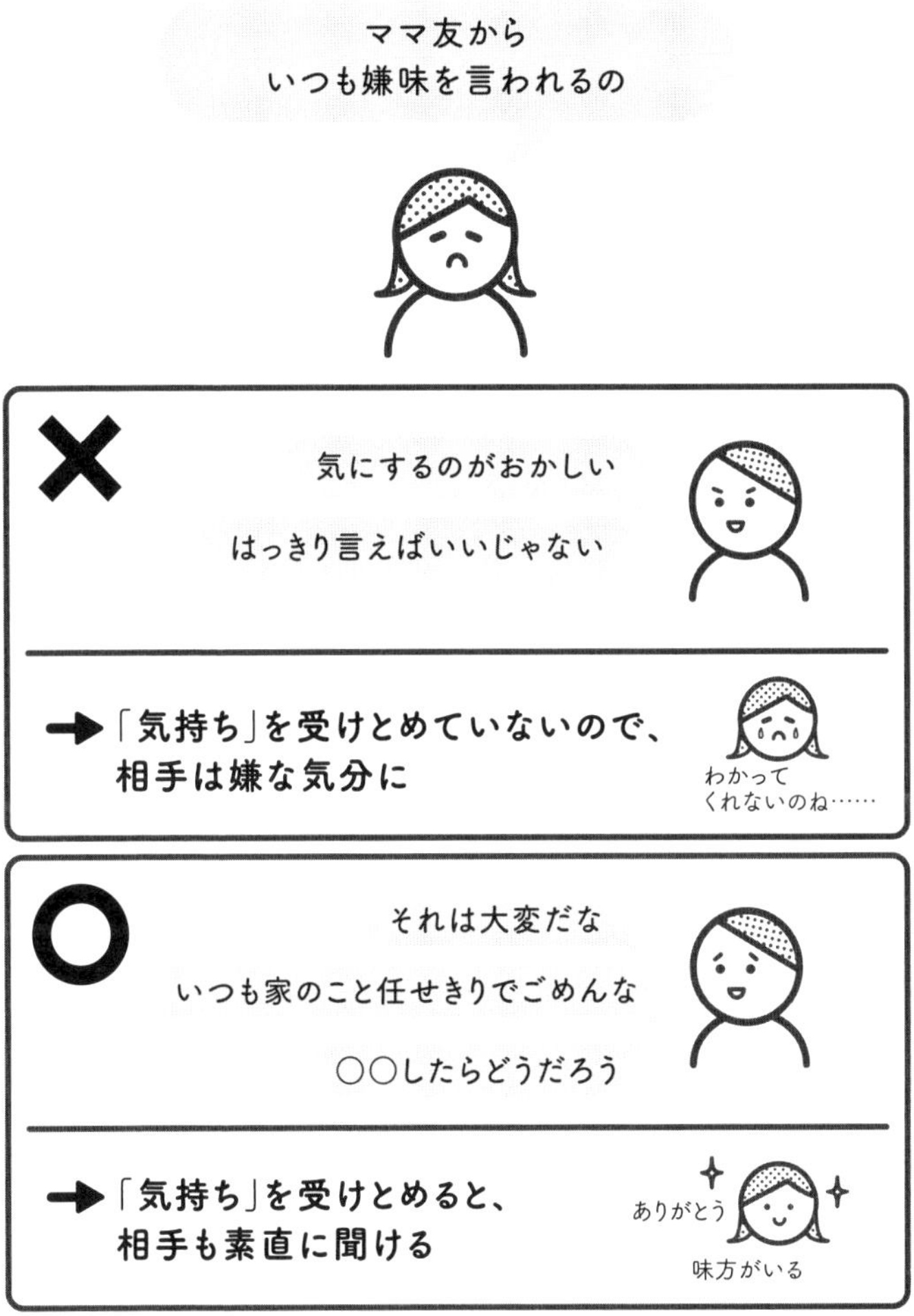
ママ友から
いつも嫌味を言われるの
×
気にするのがおかしい
はっきり言えばいいじゃない
➡「気持ち」を受けとめていないので、
相手は嫌な気分に
わかって
くれないのね……
○
それは大変だな
いつも家のこと任せきりでごめんな
○○したらどうだろう
➡「気持ち」を受けとめると、
相手も素直に聞ける
ありがとう
味方がいる

あくまでも私だったら……という話し方であれば、相手は受け入れやすいものです。

悩みを人に話すとき、たいてい答えは、すでにその人自身が持っています。

人から悩みを相談されたときは「相手への敬意」と「自分が上に立たない心がまえ」を持ちましょう。

まずは相手の気持ちを受けとめることを意識をしてみてくださいね。

第4章

言いにくいことをうまく伝えられるコツ

19

時にはキッパリ断るほうが信頼される

「関係が悪くなってしまうかも…」

人から頼みごとをされると、つい引き受けてしまう。そんなことはありませんか？断ったら相手はショックを受けるかな……と考えてしまう人は、優しい人なのかもしれません。

関係をギクシャクさせたくない、頼られたので何とか応えたい、そんな気持ちになり、つい引き受けてしまう。

しかし、無理をしないとできないことを引き受け続けてしまうと、結果的にはどうなのでしょう。

1回や2回ならなんとかがんばって乗り切れるかもしれません。でもそれが重なっていくと、自分に余裕がなくなり、提供するもののクオリティが低くなったり、相手とのコミュニケーションにイライラしてきたり……。

そして最終的に、なんとなく気まずくなってしまうことにつながりかねません。

相手の気持ちに応えたいと思って無理して引き受けたのに、結果として、断るよりも関係が悪くなってしまったら元も子もありません。

断ることもまた、相手のためでもあり、お互いの関係を良好に保つのに必要なことでもあるのです。

断る理由を正直に話せば納得してくれる

とはいえ、断る瞬間はやっぱり気まずいし、お互いにギクシャクする感じがすることもまた事実。

上手に断るには、ちょっとしたコツがあります。それは、

・頼んでくれたことに感謝する
・理由を言って断る
・代替案を用意する
の三つです。この三つが上手に断るコツなのです。

① 頼んでくれたことに感謝する

まず大事なのが、頼んでくれたことに対する気遣いの言葉です。

お願いしてくれるのも、信頼があってこそ。

まずはその気持ちに対してお礼を言います。


「せっかく○○さんからお願いされたことですが」

「声をかけてくれたことがありがたいです」

「光栄です」

こういう言葉を加えることによって、頼んでくれたことに対する感謝の気持ちを伝えます。

②　**理由を言って断る**

敬意を払って感謝を伝えた上で断る理由を伝えます。

「今このような仕事を抱えていて」

「この仕事は経験がなく、かえってご迷惑をかけてしまっては申し訳ありません」

なかには、理由を伝えるのは言い訳がましいのではないか、と思ってしまう人もいると思います。でも、ごまかしではなく、**正直に理由を伝えるのであれば、何も理由を言われないより、先方も納得をしやすい**ものです。

③　**代替案を用意する**

理由を伝えた上で、可能であれば、代替案を伝えます。また、もし条件次第で引き受けられる場合は、それを具体的に示していきます。

「納期を○日まで伸ばしていただけたらできます」

「この部分だけでしたらできます」

「○○ができる人をご紹介できます」

この代替案の応用編で、「具体的に要望を伝える」という方法もあります。

代替案を必ず用意

たとえば、いつも食事会の幹事をすることになってしまう……断るほどではないけれど、毎回自分が全部やるのはちょっと負担も感じる。そんなときは、

「お店を選ぶのは、実はいつも迷って自信がない」

「他の人が選ぶお店にも行ってみたい」

と理由を添えて、

「幹事の仕事を○○さんに一緒にやってもらえるとうれしい」

「今回、お金の管理かお店選び、どちらかをやってもらえると、すごく助かる」

このように具体的にどうしてほしいか、伝えてみましょう。

そうすると、我慢することが減り、結果的に楽しく、心地よく引き受けられること

図版
10

断るときの3ステップ

① 頼んでくれたことに感謝する

声をかけてくださって
ありがとうございます!

② 理由を言って断る

実は月曜日に締め切りの仕事があって、
どうしても行けないのです

③ 代替案を用意する

来月は余裕があるので、
またお声がけいただけますか?

上手に断ることは、相手への誠意です!

にもつながります。

無理に引き受けても、よい結果にならないもの

いかがですか？　勇気を出して断ることができそうですか？

もしあなたが、いつもなんとなく相手に説得されて、納得がいかないまま引き受けてしまうクセがあるとしたら、なかなか急に断るのは難しいと感じるかもしれません。

でも、ちょっと無理だと思ったら、勇気を出して**「私は断る」**と心にしっかり決めてみてください。

断る意志を固めず、あいまいな気持ちでいると、相手もなんとか引き受けてもらえる方向に話を進めようとします。

説得を受けながら、「そこまで言われたら、やるしかないかな……」「そこまで配慮してくれるなら……」と揺れ動く気持ちのまま、結局無理をして引き受けてしまうことに。

しかし、そうやって物事に取り組んでも、よい方向には行きづらいものです。

自分が無理してやってしまうより、もっとうまくできる適任の人がいる、という考え方も相手のためだと思いませんか。

感謝と理由と代替案。これはひと言で言えば、相手に対しての「誠意」です。

相手に対して誠意を持って接すれば、断ることで逆に相手の信頼を得ることにもつながりそうです。

断れないときの大きな理由は、断ったときの相手の反応が怖かったり、嫌われたくないという気持ちかもしれません。

でも、**人は頼みごとを断られて、すぐその相手を嫌いになることなんて、めったにないこと**ではないでしょうか?

もし仮に断っただけで悪化する関係ならば、それは無理をし続けなければ維持できない関係です。

ぜひ、上手に三つのコツを使いながら、勇気を持って、「断れるいい関係」をつくっていってくださいね。

20

必ず気持ちよく引き受けてもらえる頼み方

仕事ができる人は上手に周りを巻き込む

あなたは人に頼みごとをするのは得意ですか？

「断られたらどうしよう」などと考えて、頼めなかったなんてことはないでしょうか。

自分でできる範囲には限界がある。

仕事ができる人は周りを巻き込み、分担することで成果を上げている。確かにその通りです。


どうやったら気持ちよく頼めるのかわからない……もしあなたがそんなふうに思っ

ているとしたら、ぜひ意識してみてほしいことがあります。

名づけて「思わず相手が引き受けたくなる頼み方5箇条」です。

その1　呼びつけるのではなくて、相手の近くに自ら行く〈誠意〉

たとえ後輩や部下であっても、自ら出向くことで誠意を表します。

その2　今話してもよいか許可をとる〈許可〉

「今お時間大丈夫ですか？」

「忙しいところ、申し訳ない」

こんな言葉をかけて、今話しかけていいタイミングかどうかを確認します。

その3　なぜ頼みたいのかを伝える〈理由〉

「○○さんがつくる資料は評判がいいから、ぜひお願いしたいんだけど」

「この前もわかりやすく仕上げてくれたから」

「私はあれを担当するから、○○さんにはぜひこれをお願いしたいんだけど」

そう、人は理由があると動きやすくなるという特性があるのです。

その4　具体的なお願い内容を伝える〈率直〉

「いつまでに、何を、どれくらい、どうやって」をポイントにまとめてから伝えます。

相手に遠慮して、ものすごく曖昧に伝えているのを見かけたことがあります。

「やってくれたらうれしいけど、まあできる範囲でこのくらいな感じで、なんとなくこのへんチョコチョコッと手を入れておいてくれればいいかな……」

これでは何をどの程度求められているのかまったくわかりません（笑）。

内容については中途半端にせず、ストレートにきちんと伝えましょう。

その5　引き受けてくれたお礼をしっかり伝える〈感謝〉

「ありがとう、助かるよ！」

「すごくうれしいです！　ありがとう」

関係に慣れてきてしまうと、相手がやってくれることが当たり前になってしまいがちです。

図版
11

思わず引き受けたくなる頼み方５箇条

その1　呼びつけるのではなく自ら出向く

その2　今話していいか許可をとる

その3　頼みたい理由を伝える

その4　お願いしたいことは具体的に！

その5　お礼は必ず伝える

上手に頼めれば信頼度もUP！

感謝ができない人は、だんだん頼みごとも聞いてもらえなくなっていきます。

「ありがとう」の言葉は欠かさないように意識しましょう。


さあ、いかがでしょうか？

普段お願いするときにどれだけ意識していますか？

このように、**同じことを頼むのにも、ほんの少しの配慮で大きく印象が変わっていく**ものです。

自分がどんな頼まれ方をしたらムッとしたか、気持ちよく引き受けたかを覚えておくと、人に頼むときの参考になりますよ。

21

ストレートに思いを伝えることで、相手は動かされる

正論より「あなたに助けてほしい」が響く

初めての著作となった前作『仕事も人間関係もうまくいく「気遣い」のキホン』(すばる舎)を出版した際に、本当にたくさんの書店員の方にお世話になりました。ご挨拶まわりをしたとき、書店員さんにこんなふうに言われたことがあります。

「いろんな著者の方が本のPRのために挨拶に来るけれど、本の説明をしてくれるときに、〝時代の流れに合ってるから〜〟とか〝マーケットがどうこう〜〟とか、〝この本が売れる理由としては三つあって〜〟とか長々と説明されるより、〝どうしても売りたいです!〟と**ストレートに言われたほうが協力したくなる**んだよね」と。

私はこの言葉がとても印象に残りました。

どんな人からお願いされるかにもよりますが、あまり気乗りのしないお願いをされたときに、

「こういう人を助けられるから」

「社会にも貢献することになると思う」

と正論で説明されるより、

「わがままは承知だけど、どうしても私のことを助けてほしい」

「あなたに助けてほしい」

と言われるほうが私は心に響きます。

そして、「まあなんとかしてあげようかな」という気持ちになります。

もちろん、何度もお願いばかりされると、うんざりしてきますが（笑）、理路整然と、まるで他人ごとのように言われるのと、その人が必死でなんとかしたいという思いで言われるのとでは、伝わってくる「熱量」が違います。

トップセールスはアポの用件が明確

私の知人のトップセールスマンが「お客様のところに行きたいときは、変な言い訳をせずに用件をきちんと伝えている」と教えてくれたことがあります。

アポイントを取るときに、「こちらの用件をストレートに伝えたら、会ってくれないんじゃないか？」と思うことがよくあるそうです。

「ストレートに伝えるよりも、まずは会ってもらうことが大事だ」

「会ってもらって話さえ聞いてもらえればなんとかなる」

そんなふうに思って、つい、

「ちょっと近くまで来たもので……」

というストレートではない言葉でアポイントを取ってしまう。

すると、仮に会ってくれたとしても、本当は別の意図があったことがわかると、お客様も白けてがっかりしてしまう。場合によっては信用も失います。

だから、「この前お話を伺った、○○に関するコスト削減につながるものなので、ぜひご紹介したくて来ました」とはっきり伝えることにしているんだそうです。

用件がわかったほうが、相手も時間を取れるか判断できます。

最初から本当のことを言って断られることが怖いから、本当の目的をギリギリまで隠してしまいたくなる気持ちは誰にでもあります。

ストレートにお願いをするのは恥ずかしいから、ついえらそうな講釈を述べてしまうなんてこともよくある話です。

でもそれでは、やっぱり相手に伝わらないのですよね。伝わらないだけではなく、相手の時間や好意を裏切ることにもなりかねない。

自分の本心から正直な思いを伝える。人の心に届く言葉というのは、きっとそういう言葉だと思います。

22

言い訳せず潔く謝ることができていますか？

「失敗した！　どうごまかそう…」

言いにくいことのひとつとして、「失敗したとき、間違ってしまったときに、何と言えばいいかわからない」ということがあります。ごまかしてしまいたい、という心情は誰もがあるものです。

私のCA時代の同僚のAちゃんが、こんなエピソードを話してくれました。

CAは早朝の便に乗る場合、朝（夜中？）3時に出勤することもあります。時に時間や曜日の感覚がわからなくなることもあったりします。

ある休日に昼寝をしていたところ、ふと目を覚ますと、なんと周囲は真っ暗！「しまった寝坊した！」と思い、あわてて会社に電話をしようとしました。

受話器を手にした瞬間、心の中で悪魔のささやきが……。

「言い訳でごまかしちゃおうかな。正直に言ったら、なんて言われるかわからないし」

でも結局、正直に「寝坊しました」と言いました。

すると電話の向こうからは笑い声が。「大丈夫？　今は朝じゃないわよ～」

実はまだその休日の夜7時だったそうです。

Aちゃんは「あのとき、変な嘘をつかなくてよかった。もしごまかしてたら、信用失うところだったわよ……」と汗をかいたと言っていました。

その話を聞いて、私だったらどうしてただろう……と思いました。

「寝坊したなんて言いたくない、そんなこと言ったらダメなやつってレッテル貼られちゃう……」。そんなふうに思って、ごまかしていたかもしれません。

こんなとき、**「自分を守りたい」という防衛本能**が誰しも働いてしまうものなのではないでしょうか。

「ごめんなさい」のひと言が信用をつなぐ

また、私が学生時代、ある飲食店でアルバイトをしていたときのこと。

常連のお客様が先輩店員の接客について、こんなふうにほめていました。

「今、Aさん（ほめられた先輩）は『勘違いしてました』とは言わずに『間違えました』と言いましたよね。意外と『間違えました』って言える人は少ないですよ」と。

実際にその先輩は、たまたま〝勘違い〟してしまっただけで、悪気などまったくありません。「勘違いしていました」と思わず言いたくなるところです。

しかし謝られる側としては、相手に「勘違いしていました」と言われると、相手が非を認めていないような、時には自分の言い方が悪いと言われているような気にさえなってしまう可能性があります。

一方、「間違えました」と言われると、**相手が非を認め、自分に対して、しっかり謝罪をしてくれている感じが伝わってくる**のです。

「勘違いしていました」という言葉には、どこか「私は本当はわかっているんだけど、今はたまたまできなかっただけなので、私に対する評価を下げないでほしい」というニュアンスが含まれているのですよね。

それが相手には、どこかごまかそうとしているように映ってしまうことがあるのです。

ビジネス上ではもちろん間違えないように工夫しなければなりませんが、人間ですから、忘れてしまったり間違えることはあります。

しかし、そのときにどのように対応をするかによって、あなたに対する周囲の目が大きく変わります。

ちょっとしたごまかしが積み重なると、「この人はごまかす人だ」とか「いざというときに自分の非を認めず逃げる人だ」というレッテルを貼られてしまいます。

「ごめんなさい」「忘れてました」「間違えました」。

素直に非を認めて謝る。そして、それを改善しようという姿勢を見せてくれる。そんな人を、周囲は間違いなく信頼します。

「ごまかしは一瞬、でも失う信用は大きい」。ぜひこのことを忘れないでくださいね。

23

ダメ出しはタイミングが最重要

研修終了後、こっそり指摘してくれた仕事仲間

人のミスを指摘するとき、そのタイミングによっては、相手がショックで受け入れられないときもあります。相手の様子を見て、タイミングよく伝えることが必要です。

私のビジネスパートナーの一人に、企業研修を仲介依頼してくれるIさんという方がいます。Iさんは言いづらいことも、私のためになると思えばハッキリ言ってくれるので、とてもありがたい存在です。

言ってくれる内容にショックを受けて落ち込むことも多々ありますが、それでもな

ぜかIさんの言葉は素直に受け取ることができます。
それは**伝えてくれるタイミングが絶妙**だからなのです。

たとえば、こんなことがありました。

私が研修で講師をする際、Aさんが一日中オブザーバーとして後ろで見ていてくれました。

終わった直後は、ねぎらってくださり、具体的によかったことをほめてくれます。

研修直後、講師は研修を依頼してくれた相手企業の方や、受講者の方にとって満足いくものだったのかどうか不安になるものです。

そんなときのIさんのポジティブフィードバックは、とてもありがたいものでした。

その後、研修会場を出て、打ち上げの会場に一緒に向かう際、お店に入る直前に、

「そういえば、三上さん。研修の冒頭で、僕が誰だか受講者の方に紹介してくれなかったの、ちょっとショックだったよ～」

とひと言さりげない感じで言ってくれたのです。

通常は、研修先の企業の方にとって知らない人（Iさん）が後ろで座っているのは、「あの人は何者だ⁉」と気になるので、冒頭で紹介するのですが、そのときはすっかり忘れて、最後まで紹介しないで終わってしまっていたのです。

私は「やってしまった……」と申し訳ない気持ちでいっぱいになりました。

でも、その後お店に入ってすぐにクライアントの方がいらしたので、その話題は終了。反省はしっかりしますが、必要以上に深刻な空気や雰囲気にならず、変に引きずらず、気持ちも切り替えることができました。まさに絶妙なタイミングでした。

おそらくIさんは研修直後にも言いたかったのだと思います。でも**私の気持ちに配慮して、まさに一番いいタイミングを見計らっていてくれた**のです。

ほめることで気づかせる方法もある

また、あるときクライアントの方と打ち合わせでご一緒したときのこと。そのクライアントには一度Iさんと共に訪問しており、今回が二度目の訪問でした。

その際Iさんが私に、

「三上さんの髪型と服装、今日のほうがクライアントさんの雰囲気と合っていて、いいね！」

と言ってくれました。

実は、前回の打ち合わせのとき、服装がきっちりまとめすぎていて、カジュアルな雰囲気のクライアントさんにはかたすぎたかなと、少し気になっていました。

Iさんも前回訪問時に、私の髪型や服装を見て、もう少し相手の方も緊張しないように、雰囲気を合わせたほうがいいと思っていたのでしょう。

でも、そこでは**直接言わずに、今回私が変えたことに対して、それをほめるという形で、前回はちょっとNGだったということも伝えてくれた**のです。

もちろん、気づいたその場でスパッと言ってほしいタイプの人もいるでしょう。

一方で、それを素直に受けとめられない人もいます。

なかなか高度なことかもしれませんが、タイプを見定めて、相手が受け取れるタイミングで伝えようという気持ちはとても大事です。

相手の様子を観察しながら、「今なら、深刻にならずに、ちゃんと受けとめる心の余裕がありそうだな」というときに伝える。

そうやって相手の準備ができるのを待ってから伝える態度は、周りに伝わり、信頼され、人から様々な助けを得ることにつながっていくのでしょう。

24

気分を害さずに話を切り上げるには？

「時間なので」と言うのは、はばかられる…

急いでいるのに、相手の話がなかなか終わらなくて困った経験はありませんか？

話を中断して終わるのは後味が悪いですし、時計をチラチラ見るのは失礼になります。

とくに話好きな人は話を切り上げられない人を、自然に好んで話し続ける傾向もあります。話の腰を折ったら悪いと思い、聞き続ける優しい人が聞き役に選ばれてしまい、延々と話を聞かされるなどということも。

話をうまく終わらせることは、けっこう難しいもの。できれば、スムーズに自然な流れで終わらせたいですよね。

実は、話をうまく終わらせるにはちょっとしたコツがあります。

たとえば、あらかじめいつも話が長くなる相手には予告をしておくのもいいです。

「今日は○時にはここを出ないといけない」

「○分くらいであれば大丈夫です」

そうすると、いざその時間になったときに、最初に伝えてあるので、割と角が立たずに終えられます。

また、時間は伝えてあっても、切れ目なく、とめどなく話されてしまうと、それを遮って、「時間なので……」と言うのは、はばかられるということもあるでしょう。

そんなときに大事なのは話の「流れ」です。

話を自然に終わらせるポイントは、**相手の話題の途中で終わらせるのではなく、自分の話に移した上で、会話の流れを変える**ことです。

「お引き止めしてすみません」「お時間大丈夫ですか？」

こんなイメージです。

①「そうなのですか、～なのですね、それは○○でしたね」と相手の話をまとめ、
②自分の話に軽く移し
③相手へお礼を言って
④辞去することを知らせる

ひとつ例をあげてみましょう。

「そうですか、全国に出張に行かれる機会があってうらやましいです。お忙しいのにいつもお元気そうですよね。私は○○さんのように体力がないので、体力づくりから始めないと……いろいろとお話を聞かせていただきありがとうございます。そろそろ失礼します」とこんな感じです。

②の「自分の話に移す」のときは、少し話題をずらすことで話の流れを変えること

ができ、相手の話題が中途半端に終わらなかった印象になります。

先の例で言えば、出張で忙しい↓でもお元気そう↓体力がある↓自分も見習って体力づくりを始めないと。うまく話がつながっている感じで話題が転換されています。

また、相手への気遣いの言葉で終わらせるようにするのもいいでしょう。

たとえば、

「～さんお引き止めしてすみません」「～さん、お時間大丈夫ですか」

勘のよい相手であれば、「あっそろそろ切り上げたほうがいいかな」と察して、話を終わらせてくれると思います。

そして、そろそろ終わりたい時間になったら、相手の話を区切りのいいところで「○○なのですね」と繰り返して区切りをつけ、主導権をこちらが持つことも大事です。

さり気なく話を引き取って終わらせるコツ

インタビュアーは、「話の区切り」をとても上手に使います。

話の区切りを見計らって「素晴らしいお話をもっとお聴きしたいところですが、そろそろお時間となりましたので、最後の質問を〜」という具合に、話をまとめます。

限られた時間の中で、相手に気持ちよく終えてもらう技術はさすがのひと言です。

自分がインタビュアーになったようなつもりで、「話の区切り」を意識して会話を進められれば、相手が不快な思いをせず、気持ちよく会話を終了できます。


ただし、いつも切りのいいところで終わるとは限りません。とくに打ち合わせなど、時間が来てしまい、最後までまとまらないときもあります。

その場合は、**「今回はここまで確認できたので、次回までに○○を考えておきますね」**と、どこまでできて、何ができていないかをまとめていくと、途中でもうまく話を終えることができます。


「会話上手」は「終わらせ上手」。

ぜひ、こういったコツを活かして、感じよく話を終わらせる「終わらせ上手」を目指してみてくださいね。

第5章

人前で「心をつかむ」話し方

25

会議で何も発言しないのはマナー違反

「すごい意見」を言う必要はない

会議で発言したいのに、考えすぎて結局何も発言せずに終わってしまう……という

ことはありませんか？

私もまさにそんなタイプでした。

会議で相変わらず発言できずにいたとき、見かねた先輩から、

「会議で何も発言しないのは、欠席と一緒だよ」

と注意され、ハッとしました。

そして、私はなぜ会議で発言できなかったのか考えてみました。

・発言したことで「この人あまりわかってない」と思われるのが怖い
・人と違う斬新なことを言わないと価値がないという思い込み

自分で勝手にハードルを上げていたのですね。

そして、このハードルは、自分の評価を高めたい（もしくは下げたくない）という意識から生まれていることにも気づきました。

今では、私は会議の場面でも普通に発言できます。

意識の面、発言の仕方、いろんな工夫をして、自然とできるようになっていきました。

もし、あなたが当時の私と同じように、会議の場面で発言できないと感じているとしたら、次のことをぜひ活用してみてほしいと思います。


まず意識の面で変えなければならないことがあります。それは、そもそも会議の場で大切なのは、自分の評価を高めること（もしくは下げないこと）ではなく、何らかの形でその場に貢献することです。

そう意識することによって、「どう思われてしまうか？」という内向きの関心から、

「今の会議について、ほんの少しでも貢献できることは何か？」という外向きの関心に頭と心が切り替わり、発言のハードルが下がります。

この言い方で、その場に貢献する発言ができる

とはいえ、それだけではまだ、やっぱり難しいと思うかもしれません。

さらに発言のハードルを下げるために有効なことを、五つご紹介していきます。

① クッション言葉を使う

「こんなことを言ったら、話をスタートに戻してしまうかもしれませんが」

「私が勉強不足なのかもしれませんが」

「論点が少しずれてしまうかもしれませんが」

意見を言う前に、このようなクッション言葉を使うと、自分が言いやすいのと同時に、相手もハードルを下げて聞いてくれる空気を感じます。

②　結論から話す

「私は基本的には賛成です。ただ、○○のような状況になった場合は、あらかじめ対策を考えておかなければいけないですね」

前置きが長いと、聞いている人は何が言いたいのかわからず、しかも長い時間、集中しなければならないので、苦痛に感じます。結論をまず先に話す。補足や理由づけなどは、結論の後に話すほうが、すんなりと聞くことができます。

③　できるだけ大きな声で話す

何を言ってるか聞こえないと、相手はストレスを感じるので、聞くのをやめたくなってしまいます。

声が小さくて「聞こえません」と言われると、ますます焦ってしまうので、「相手に届く声」を意識して話すようにしましょう。

④　話を振られる前提でいる

「○○さん、質問ありませんか」と言われ、「ないです」と返すのも、何も考えていないような印象になりがちです。

その場で質問を考え出すのではなく、話の最中から質問は考えておきます。

どうしても質問がない場合は、「この件は、○○のように理解しましたが、よろしいでしょうか」など、相手の発言をなぞるように、聞き返してみましょう。

相手もその言葉を聞いて安心したり、修正できたりするきっかけになります。

⑤ 会議の前に考える

会議の場で、たとえ同じ意見であっても「どうしてそう思うのか」を言うだけでも価値が出てくるものです。会議の前に、議題に対してどんな考えをもっているかをまとめ、準備してのぞむことも重要です。

議論の流れを確認するのも、立派な意見

前述の五つ以外にも、誰かの発言の意図がわかりづらいときに、**「今のお話はこういうことであっていますか？」**と確認することも、あなたが参加している価値が出て

図版
12

発言のハードルを下げる五つのコツ

① クッション言葉を使う

勉強不足かもしれませんが……

② 結論から話す

賛成です。その理由は……

③ できるだけ大きな声で

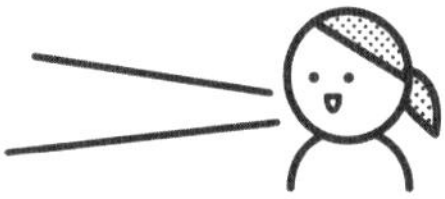

④ 話を振られる前提でいよう

⑤ 会議の前に考えをまとめておこう

会議に貢献できることは何か考えよう!

きます。

なぜなら、そういう場合は周りの人もわかりづらいと感じている場合が多いからです。**あなたが確認をすることによって、参加者の議題への理解度が高まり、他の方の発言につながる**など、会議自体が充実することにもつながります。

このように、会議で発言のハードルを上手に下げながら、「今の会議についてほんの少しでも貢献できることは何か?」という外向きの関心を持って会議にのぞむことは、結果として、あなたの評価を高めてくれることにつながります。

素晴らしいことを言おう、できる人と思われようではなく、その場で役に立てることは何かということを常に意識する。それはすべて自分のためになるのです。

26

あがってしまうときは、「カフェにいる」つもりで

大勢の前に立つのが、とにかく苦手！

「では皆さん、初対面なので一人ずつ自己紹介しましょう」

そんな些細なことにも「え〜っ」とドギマギしていた私。自分のことを極度のあがり症なんだと思っていました。

顔が赤くなり、短く話すことしかできず、「緊張してるみたいですね」と言われる始末。

緊張しやすいことは、私にとって大きな悩みでした。

そもそも緊張はどうして起こるのでしょう。

人は自分にとって未知の状況になると防衛本能が働き、アドレナリンが出るそうです。自分を守るための生理現象として緊張します。

本来、アドレナリンは体を活動的にする作用があるので、分泌が適度であれば、体の動きはすばやくなり、脳の回転も速くなります。

しかし、緊張しすぎると、アドレナリンが過剰分泌されて、心臓はドキドキ、のどはカラカラ、体はカチカチ。これではうまく話せません。そう、これは私のせいではなくアドレナリンのせいなのです……（笑）。

とはいえ、仕事柄、アドレナリンのせいにばかりしてもいられません。何度も場数をふむことによって、今では多少緊張はするものの、それなりにきちんと人前で話ができるまでにはなりました。

そんな私がポイントだと思うことを、いくつかお伝えしたいと思います。

話す場面を想像して、実演してみる

私は、年間１００回以上、研修や講演を行っています。

今では極度の緊張はしなくなりましたが、これは「慣れ」というより、あらかじめ「準備」をしっかりするようになったからだと実感しています。

「準備」、つまり話す場面や相手を想定して、実際に話す練習をする。**何度も練習していると、頭だけではなく、体でも覚えている状態になります**。そうなれば少々その場の雰囲気に緊張はしても、何を話していいかわからなくなるということはありません。

あのスティーブ・ジョブズさえ、5分のプレゼンの準備に数百時間費やしたと言われています。

逆に言えば、どんなに緊張しないように見える人でも、準備なしでのぞむことは、裸でジャングルに入っていくようなものです。それではアドレナリンも過剰分泌しますよね（笑）。

具体的な準備の仕方については、172ページ以降でくわしく説明しますので、ここでは緊張を防ぐ方法を見ていきます。

「ちょっとぐらい失敗しても大丈夫」

準備不足の他に緊張してしまう要因として、自分にスポットライトを当てすぎてしまう、ということがあります。

「これは失敗できない場だ」

「みんなにできる人と思われたい」

こんなふうに思うとき、意識はすべて、自分の側に向いています。

そういった意識が自分を追い詰め、脈拍がどんどん速くなる。

こうなると、もう自分しか見えていない状態です。

そんなときには、**意識を自分側から、聞いてくれている相手側に向ける**のです。

「会場の状態はどうだろう、寒くないかな、暑くないかな」

「縁あってここにいる人たちは、仲間も同然だ」

「あの人にわかるように説明するにはどう伝えたらいいかな」

そして、腹をくくるのです。

「ちょっとぐらい失敗しても命はとられない」

そんなふうに意識の向きを自分側から相手側に変えるだけで、胸のドキドキはおさまりやすくなります。

カフェのテーブルで5〜6人が相手の気分で

壇上に立つと、聞く側、話す側に分けて壁をつくってしまいがちです。

壁の向こう側の様子がわからずに話を進めているので、なんだか視線を一身に浴びて、まるでさらしものにでもなっている気がしてしまう。ひとりぼっちな気分になってしまうのです。

こんなときは、**リラックスして話しているイメージ**を持つことが有効です。

自分を壇上に上げず、カフェで大きめのテーブルに5〜6人で座っており、その中で話している。そんなイメージをしてみましょう。

カフェで5〜6人で話しているときは、テーブルの人の顔をしっかり見たり、話が通じてるかな？と考えたり、もしわからないという反応が見えたら、わかりやすく言い換えたりと、きっとそんなやり取りをするのではないでしょうか。

互いの様子を見ながらキャッチボールするような感覚です。

カフェをイメージして会話するのも、緊張を解いてくれるひとつの方法です。

険しい顔の人は「真剣なんだ」と思い込む

ただ、相手の様子を見ていると、それはそれでよけい緊張してしまう、なんていう場合もあります。それは、聞いている人が難しい顔をしているとき。

難しい顔をして聞いている人を見つけてしまうと、とたんに不安になるものです。

そんなときに大切なこと。それは、「この人は真剣なんだ」と思うことです。

あるとき、しかめっ面でずっと私の講演を聞いている人がいました。何か不満があるのだろうか？と気になったのですが、なんとその方が「とても勉強になりました」とお礼を言いに来てくれたのです。

自分の失礼な思い込みに恥ずかしくなったことを覚えています。自分にはそう見えているだけで、本当はただ思い込んでいるだけということが多々あるのです。

ある程度の緊張は集中力も増し、パフォーマンスも上げてくれます。

適度な緊張は味方なんだと意識すれば、人前でも、きっとあなた本来の力で話すことができますよ。

27

スピーチは準備が9割

才能やセンスよりも大切なこと

これまで述べさせていただいた通り、少人数で気心知れた人との会話は好きでも、かしこまった場で発表をしたり、スピーチをしなければならないとなると、とたんに逃げたくなるという人は少なくないようです。

しかし年齢を重ねていくにつれ、逃げ回ってばかりではいられない場面が増えたり、また、自分のやりたいことを実現させるためには、多くの方々の前で考えをプレゼンテーションしなければならないという場面も頻繁に出てきます。

私はかつて、人前で堂々として話がうまい人は生まれ持った才能、話をするセンスがあるのだろうと思い込んでいました。

しかし、最近どうやらこの「人前で堂々として話がうまい」というのは、才能やセンスではないらしいということがわかったのです。

もちろん才能やセンスを持ち合わせている人もいます。ですが、そうではない方々でも、「堂々として話がうまい」人はたくさんいるのです。

では大事なのは何か？　それは**「準備の習慣」**です。

アナウンサーは半年前から台本をつくり始める

とあるプロのアナウンサーの方とお話しする機会がありました。

その際、「大きなイベントで司会をするときには、半年前から少しずつ情報収集をして、台本をつくり始めている」というお話を伺いました。

また、私の知人でとても話の上手な、某企業の管理職の方は、**「いつ話を振られてもいいように、普段から自分の意見を整理したり、人前で話すネタを集め、どういう**

組み立てで話すかなどをいつも考えている」と語ってくれたことがあります。

どちらのケースも、準備をすること。それを自分の習慣の中に組み入れているのです。少しずつでもネタを集めたり、話の流れをつくったりしている。

そして、この習慣は、実はそんなに手間も時間もかかりません。

ちょっとしたことをメモに書き留めたり、それを組み合わせて、簡単な話の構成を組み立てておいたり。こういうことのひとつひとつは5~10分もあれば十分です。

習慣にしておくことで、いつの間にかネタも豊富になり、組み立て方もうまくなっているのです。

話すのが得意な人の落とし穴

「実は、準備もなく、なんとなくその場のノリで、長い時間話せてしまう人ほど危険なんだ」という話を教えてくれた方がいました。

「なぜなら、そういう人は聞く人にとっては意味のない話をダラダラとしてしまう可能性があるから」なんだそうです。

「人前で話すことが苦にならず、むしろ自信があっていくらでも話せてしまう。そんな人のほうがむしろ、人前で話すときに気をつけなければならない」

そんなことを私は今まで考えてもみませんでした。

と同時に、目からウロコが落ちました。

「そうか、**むしろ〝話が苦手だ〟という意識を持っている人のほうが、結果的に喜ばれる話ができるようになるのかもしれない**」と。

心配、不安、苦手意識。そういったものがあるからこそ、しっかり事前準備をしよう（というより、しないとマズイ）という気持ちになるのです。

では、どんな準備をしていけばいいのか、もう少しくわしく触れてみたいと思います。

① スピーチ原稿をつくる

スピーチに必要なのは、まずは内容ですね。何を話したいか明確にし、それをわかりやすく伝えるために、どんな話を具体的にしていけばいいのか。

聞いてくれる相手は、何を知っていて、何を知らなくて、何を知りたいのか？

それを想像しながら、ネタを集め、話を組み立て、入念に原稿をつくる。聞く人の目線に立てば、足りない言葉が見えてきます。

② 声に出して読んでみる

原稿をつくったら、実際に声に出して練習をしていくといいでしょう。

このとき、ただ原稿を丸暗記するような練習は、実はあまりおススメしません。

なぜなら緊張して頭が真っ白になったときに、全部がすっぽり抜けてしまう、なんてことにもなりかねないからです。

キーワードのメモがあれば、ど忘れしない

忘れてしまうことを防ぐには、**原稿をいくつかの「小さな話のかたまり」に分けて、そのかたまりごとに、キーワードを書いたメモを近くに置く**、という方法があります。

そして、そのキーワードを目にしたら、自動的にその話のかたまりが出てくるようになるまで練習します。

たとえばこんな感じで、話のかたまりにキーワードをつけていきます。

ご足労いただいたねぎらい→参加のお礼→この会合の趣旨→会の流れを説明→自己紹介→導入の話、具体例→本題についての概要、三つのポイントを説明→三つのポイントそれぞれの事例

こうやってキーワード化しておいて、このキーワードを見たら、そこのかたまりの話は原稿がなくても話せるように練習しておく。そしてその部分の話が終わったら、次のキーワードを見て、またそのかたまりの話をする。

すると、本番のときも、仮に緊張して頭が真っ白になっても、キーワードを見れば、話を思い出せるようになります。結果、何も言葉が出なくなって、話がぐだぐだになってしまうようなことは確実に防げます。

まだ他にも効果的な準備の仕方はたくさんありますが、それを全部書き始めると、

それだけで1冊の本になってしまうので、それはまた別の機会にゆずることにしたいと思います。

「人前で上手に堂々と話ができる」ようになるために大事なのは、才能やセンスではなく、準備の習慣をつくること。

話に苦手意識がある人は、ぜひそのことを強みだと思ってください。そういう方のほうが名スピーカーになれる可能性が高いのですから。

28

聞き手に喜んでもらえる話を仕込んでおくコツ

話をつくるのは「料理」と同じ

ある事柄に関する知識を、自分の意見も交えて、理路整然とわかりやすく伝えることができたらかっこいいだろうなぁ、と憧れることはありませんか。

自分の知っていることをうまく伝えられる人は、話に説得力があるのですよね。

私はそんな人を羨望の眼差しで見ながら、「でも自分には無理かな」と少しあきらめていました。

しかし、友人の話を聞いて、「自分でもわかりやすい話ができるのかもしれない」と目が覚めたことがありました。

その友人曰く、

「話の組み立ては料理と同じ。

まず、冷蔵庫に何もなかったら料理はつくれないので、冷蔵庫の中に食材を入れる。

次に、その食材を相手の好みに合わせて選ぶこと。

そして、どんなふうに調理したら、美味しく食べてもらえる料理になるのかを考える」

情報を仕入れて、相手に合わせて選び、相手の好みに応じて組み立てる。この話を聞いて、今までうまく話せなかった理由がわかった気がしました。

「私が話すときにしどろもどろになってしまうのは、情報も集めていなかったし、それをわかりやすく自分の中で整理していなかったからかもしれない」

同時に、話の組み立てをちゃんとやれば、私も説得力のある話ができると思いました。

ポイントは、三段構成で組み立てること

私は、まずわかりやすく伝わるように書くトレーニングをしようと思い、かつ人に見てもらったほうがモチベーションがあがると考え、ブログを始めてみました。

ブログを書くという目標によって、書くネタを探す意識が高まり、そうすると自分の周りに、いかにたくさんのネタが転がっているかに気づきます。

話のネタは何気ない瞬間、歩いているとき、お風呂に入っているときなどに浮かんでくることも多々あります。

こういうときに浮かんだいいネタは、意外とすぐに忘れてしまうのでメモをすることが大事です。

お風呂でも書けるホワイトボードを買ったり、すぐにスマホでメモを打ち込んだりすることで、どんどん心の「冷蔵庫」にストックしていきます。

① 出来事
② 出来事に対する自分の考察
③ 今度からこうしよう、こう考えよう

という三つの構成で考えるとまとまりやすく、前向きな文章にもなるので、この構成をひたすら繰り返して練習しました。

一例をあげてみるとこんな感じです。

① **出来事**

生命保険の営業をされている女性Tさんとお話をする機会がありました。

Tさんは全国でもトップの実績を上げ、テレビの取材が来たこともあります。

仕事をする上で心がけていることを聞いてみました。

Tさん：「謙虚でいることが大事です。売り上げがいいときは自分はすごいと思ってしまうことがありました。そうやって勘違いすると、どんどん人が離れていくのです。周りの人に何か役に立ちたい、周りの人のおかげ、という気持ちを持ち続けることを大切にしています」

② **出来事に対する自分の考察**

Tさんの話を聞いて、私は謙虚でいるだろうかと振り返りました。私の研修を受けた受講生から「こんなふうに変わりました！」「お客様にほめられました」と言われると、私のおかげだと思ってはいないだろうか……。

私が受講生、クライアントを変えたのではない。１００％、受講生の方が行動したから出た結果なんだ。

③ 今度からこうしてみよう

私は、「先生」と言われると慢心する傾向があるので、研修の冒頭では受講生に「三上先生じゃなくて、三上さんと呼んでください」と言うことにしよう。

日をおいて熟成させる

どうですか？　こんなふうに三つのかたまりに分けて話をまとめてみると、何が言いたいのか伝わりやすいと思いませんか？

書くときは情熱的に書いていることも多いので、一晩寝かせると、「あれ？　なんだかわかりにくいなあ」というところが発見できます。時間を空けると客観的な目線ができるので、推敲でブラッシュアップしていくことも大切です。

また、ブログなどで人目にさらす、という目的があると、好き勝手に書くのではなく、人に伝えるための内容なんだと意識して書けるので、文章のエチケットも身につきます。

まさに相手の好みに合わせて食材を選び、調理方法を考えることと同じです。

ここにあげた例は、書くことを中心に紹介していますが、大事なポイントと構成については話すときも一緒です。

情報を仕入れて、相手に合わせて選び、相手の好みに応じて組み立てる。

組み立てるときは、出来事、出来事に対する自分の考察、今度からこうしよう、こう考えよう、という三つの構成で考える。

これを意識するだけで、あなたの話の説得力は格段に増すはずです。

ぜひトレーニングしてくださいね。

第6章

「また会いたい」と思われる人の会話術

29

好かれる人の共通点はリアクション上手

「私って話がうまい？」と思わせてくれる

あなたの周りに、なぜか時間を忘れて、楽しく話が続く相手はいませんか？

話していると、とても楽しくてまた会いたくなる。そういう人たちに共通している特徴は「リアクション上手」だということ。

どんな話にも何かを発見しておもしろがってくれて、感情を素直に表現してくれる。

「私ってもしかして、話がうまいの？」

とその気になり、どんどん話が自然にわいてきて、自信がみなぎってくる感覚さえあります。

私の知人の男性が、結婚相手を選んだ理由として、

「彼女と話をしていると、自分がおもしろい人間に思えてくるから」

と話してくれたことがあります。

後日、その彼女と会う機会があり、知人の気持ちがよくわかりました。

彼女は誰かが何かを言うと、とにかく楽しそうに笑っているのです。

それが嫌味なく、とても感じがよくて、ついつい、いろいろ話したくなってしまう。


また、私の友人で、多くは語らないのですが、とにかく何か言うと笑ってくれる人がいます。その友人が笑ってくれると、自分が芸人になったかのような、機転がきく話ができているような気になって饒舌になってしまいます。

そのリアクションは次の話をしようというモチベーションになり、途切れず話ができるのです。

ですから、その友人と会った後はなんだか自信がつくような気がして、定期的に会いたくなります。

感情が見えない相手だと不安になる

あるとき、コミュニケーションの講義でリアクションをほとんどしない方がいました。気になって、「感情を表現するのに何か不安を感じていたりしますか」と休憩時間に聞いてみました。

すると、

「昔、クールにしていたほうが頭がよさそうに見えると言われたことがありまして。それで意識してそう振るまっているのです」

という答えが返ってきました。

「無口のほうが賢く見える」と思って、リアクションが薄かったり、斜にかまえている人は多いですよね。本当はとても感情豊かなのに、それをあえて抑えてしまっていたとしたら、すごくもったいない。

人とコミュニケーションを取るときの基本は、相手を不安にさせないことです。

感情が伝わってこず、何を考えているかわからない相手に対して、人は警戒し、心も開けません。

〝無表情の顔〟と〝怒った顔〟の絵があり、どちらの顔が嫌ですか？という質問をすると、怒った顔ではなく、無表情の顔のほうが嫌だと答える人の割合が多いという実験結果があります。

怒っているのがわかれば対処できますが、何を考えているかわからないと対処のしようがありません。どこか不気味な感じがするからかもしれません。

感情を表に出さないように押し殺していくと、次第に自分が今どんな感情なのかもわからなくなっていきます。

実際にアメリカの心理学者ウィリアム・ジェームズとデンマークの心理学者カール・ランゲは「行動感情理論」という説を提唱しています。人の感情と行動は密接に関連していて、どう振るまい、表現するかによって、感情を自覚するという説です。

下を向いているから気持ちが落ち込んでくる、笑っているから楽しくなってくる、というようなことです。

一番のリアクションは笑顔

ここまでの話でもわかるように、人とうまくコミュニケーションを取るためには、**自分の感情を意識して出す**ようにすることが大切です。

そして、これは練習すれば、誰でもできるようになっていきます。

そのためのまず第一歩は笑うこと。

楽しい！　おもしろい！という表現をすることからスタートしてみましょう。

自分の表情のクセに気づくために、まずは自分が話しているときの表情をスマートフォンの動画機能などを使って、1分間録画してみましょう。

眉間にシワが寄っていたり口角が下がっていたり、自分では思いもしなかったような表情が映っていて、なかにはショックを受ける人もいます（笑）。

ショックを受けないまでも、間違いなく意外な「クセ」に気づけます。

ちょっとした練習で表情が豊かになる

「クセ」に気がついたら、次は顔を思った通りに動かせるように、エクササイズをしてみましょう。

まずはウォーミングアップとして、口の形を「イ」と「ウ」を交互に10回繰り返して発音します。

毎朝歯磨きの後などに鏡に向かってやってみてください。

その後、鏡の前で口角を上げ、上の歯を10本見えるように口を開け、「わ〜楽しい！」「わ〜おもしろい！」「わ〜すごい！」など、声を出しながら笑う練習から始めます。（1分）

笑うこと自体が交感神経に作用し、血流も上がり体も温まり、前向きな気持ちになる効用もあります。そう、**行動や表情が感情をつくる**のです。

3週間も続けると口角も上がり、笑顔が出やすくなってきます。

そして人と話すときは、なんとなくではなく集中して聴き、

「ここは笑うところだ」

と思ったらまずは笑ってみましょう。

笑うタイミングをはかって集中するあまり、怖い顔にならないように気をつけてくださいね。

人は自分が話したことで相手が笑ってくれると、それだけで話した甲斐があった、と満足するものなのです。

図版
13

自然な笑顔をつくるエクササイズ

1ステップ 話し方のクセを確認

●動画で自分を撮ってみよう！

2ステップ 顔のウォーミングアップ

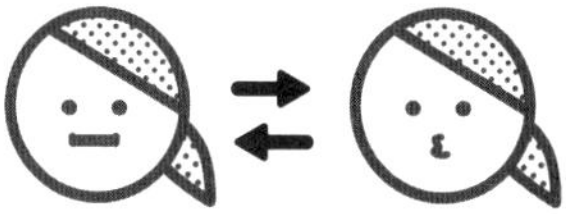

「イ」　「ウ」

●「イ」と「ウ」を交互に繰り返そう！

3ステップ 笑う練習

●「わ～楽しい！」
1分間声を出して笑ってみよう！

行動（表情）が感情をつくる！

30

「ありがとう」は究極のほめ言葉

「ほめるのはなんだか媚びているようで…」

「ほめることが大事」とは思うものの、ほめようと思うとうまく言葉が出てこなかったり、相手のよいところをうまく見つけられなくて、とまどってしまうことはありませんか。

「(目上の人に)自分なんかがほめるなんて、おこがましいんじゃないか?」とか、「なんだか媚びを売っているように思われないだろうか?」と思ってしまったり……。

以前講演を依頼されたとき、依頼主からこんなことを言われたことがあります。

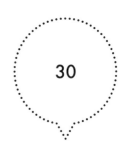

「講演が終わった後に、その講師の方に〝とてもよかったです〟と言うのは失礼じゃないかと思ってしまうのです。プロの方に向かって、よかったなんて当たり前のことだろうし、それを言ったら上から目線じゃないかって……」

どんなに熟練の講師であっても、毎回お客様も雰囲気も違うのですから、不安になります。

自分では万端な準備をしていても、実際聴いてくださった方はどうだったのか、何かしらの言葉で感触を確かめたいものです。**登壇している側にとっては何も言われないより「よかった」と言ってもらえるほうが、ずっと安心します。**

「Iメッセージ」で素敵な言葉になる

「ほめること＝評価」ととらえてしまうと、相手との関係性によっては、言いづらくなってしまうことは多々あります。

とくに相手がその道のプロだったり、自分より目上の方だったりするような場合は、どうしても言いづらくなりやすいもの。

では、そんな相手を称賛したいとき、どのようなことに気をつけると、自分も言いやすく、相手も受け取りやすいのでしょうか。

それには大きくポイントが3つあります。

① 自分の気持ちを言う（Iメッセージ）

「あなたは〇〇だ」という言い方を「YOUメッセージ」と言います。YOUメッセージは決めつける発言になるので相手は受け取りにくくなります。一方、〝私はこう感じた〟という言い方を「Iメッセージ」と言います。

Iメッセージであれば、あくまで自分の感じたことですから、自由に表現していいはずです。

言葉の意味自体はほめ言葉であっても、YOUメッセージは目上の人には上から目線に聞こえてしまう可能性があります。

たとえばYOUメッセージだと、「お話し上手ですね」「ユーモアがありますよね」という感じです。少し上から言われているような印象も受けますね。

一方、Ｉメッセージでは、

「あのお話は胸にズシッときました」

「ずっとお話に引き込まれ、あっという間に時間が経ちました」

という感じです。

いかがですか？　嫌な気持ちはしないのではないでしょうか。

② 具体的に言う

もしあなたが次のように言われたら、どういう感じがするでしょう？

「本当に尊敬してます」「さすがですよね～」「いつもすごいなって思います」

私の場合は、うれしいと思う前に**「どうしてそう思ったんだろう」**と思ってしまいます。

このような言葉で喜ぶ方ももちろんいますし、関係性によるところはありますが、抽象的にほめられると、「本当にそう思ってるの？」と思ってしまいやすいものです。

そう思う根拠、理由が具体的にあると受け取りやすくなります。

次のように**「何が」と主語をしっかりと伝え、理由が具体的だとお世辞に聞こえま**

せん。

（例）

「○○さんは相手の気分を害さないで、ご自分の意見を言っていらして尊敬します」

「あの資料の比較表、今までにない切り口でさすがだと思いました」

「いつもお忙しいのに話をじっくり聴いてくださって、すごいなと感じます」

③ 間接的にほめる

「誰かがこう言っていたよ」と伝えることは、受け取りやすく、かつ信憑性もあり、言った人、伝えた人、言われた人、〝三方よし〟になるほめ方です。

たとえばこんな感じです。

（田中課長に向かって）

「『うちの課はいつも活気があるね』と山田部長に言われました」

これは山田部長の発言を、田中課長に伝えるという形でほめています。部下の私が言っているにもかかわらず、田中課長は山田部長に言われているかのようにうれしいはずです。

「鈴木さんに『佐藤さんが部下でうらやましい』と言われたよ」

これは、鈴木さんの発言を、佐藤さんに伝えるという形で、佐藤さんをほめているわけです。

「伊藤さんのお客様、ずっとニコニコしてお話しされていましたね」

これは直接的に伊藤さんをほめるのではなく、伊藤さんと接していた方がうれしそうだったと間接的に伝えることで、伊藤さんをほめています。

間接的にほめると、事実の話をしているだけなので、ほめられた人も「そんなことないよ～」と謙遜しなくてすみますし、何よりそういう評判が広がっていると感じるので、倍うれしくなるわけです。

感謝されることで報われる

この三つのポイント、ぜひ覚えて使ってくださいね。

そしてもうひとつ番外編ということでお伝えしたいと思います。

私は新人の頃、いいとこなしの状態が続いたのですが、こんな言葉に救われ、またがんばろうと思えたことがあります。

「三上さん、すごく可能性を感じるよ」

「それ、惜しかったわ〜」

ほめるところが具体的になくても、こんな表現をすることもできます。

それによって、**相手に元気や勇気を与えることもできる**のです。

当時の先輩の気遣いを思い出すと、ありがたくて涙が出そうですが……。

最後に皆さんに「最強のほめ言葉」をお伝えしましょう。魔法の言葉です。

それは、「ありがとう」です

人間は人に喜ばれること、役に立つことに幸せを感じるようプログラミングされている、と聞いたことがあります。誰しも自分が必要とされていたり、何かに貢献できたと実感できたとき、とてもうれしい気持ちになるものです。報われる気持ちになります。

そういう意味では、感謝の気持ちを表す「ありがとう」は、この上ない「最強のほめ言葉」なのです。

31

「私のいいところ」をちゃんと見てくれる人

欠点を指摘され、ますます自信喪失

ＣＡの新人時代の話です。

飛行機に乗ったことがある方は体験したことがあると思いますが、機内で飲み物をお届けするサービスがあります。

大きめのカートにたくさんの飲み物やカップ、紙ナプキンなどいろいろなものを積んで、二人一組で狭い通路を通りながらお届けしていきます。

たくさんのお客様に、ある一定の時間内にお届けするにはテキパキこなしていく必要があります。

でも、私は動きが全体的にスローなようで、先輩と1台のカートを前後で挟んでサービスを行うときも、「テキパキ動いてね」とよく言われていました。

しかし、そう言われれば言われるほど、ますます緊張して、アタフタし、よけいにむだな動作が増えて、遅くなってしまいます。

「なんで私はできないんだろう……」といつも自己嫌悪に陥ってました。

「ゆっくりなのは丁寧で慎重ということよ」

でも、そんな私が、変わったきっかけがありました。

ある先輩と組んで飲み物をお届けしていたときのこと。

やっぱり私はいつものようにスローな動きで、なかなかテキパキ対応することができずにいました。

すると、その先輩はこんなふうに言ってくれたのです。

「三上さんお疲れ様！　三上さんはお飲物をお客様にお渡しするとき、とても丁寧で慎重なんだね」

そして「お渡しするとき慎重にするのはいいと思う！　こぼしたら大変だからね。こぼさず、お客様に慌ててるように見せないよう、スピードアップするコツは、私のやり方だけど、この部分をこうするといいかもよ」と。

自分なりの上手にできるコツを私に教えてくれたのです。

その先輩も、やっぱり私のスローぶりを見て、もっとスピードアップしてほしいと思っていたのでしょう。

でもその先輩はそれを**「もっとテキパキしてよ！」と言わずに、まず私のスローな動きを、丁寧で慎重な行動だと認めてくれた**のです。

そしてそれは大事なことだと言ってくれたのです。

そのときまで、私は自分の行動は「ダメなもの」で「直さなければいけないもの」だと思っていました。そして「うまく直せない」自分に、常にダメ出しをしていました。

でも、その先輩の言葉によって、自分の行動は「いいもの」で「自分の長所」だと思えたのです。

そして、「もっとよくするためには、こんなやり方もある」と新しいやり方を積極的に受け入れる気持ちになれました。

短所に見えるところは実は長所

人の特性は表裏一体です。短所に見える部分は、実は長所が強く出てしまったものなのです。

たとえば、短所と思えるもののよい面に焦点を当てて言い換えると、どんな言葉になるでしょう?

・遅い　→　慎重
・頑固　→　いちず
・周りを見ていない　→　集中している
・理屈っぽい　→　論理的に考えられる
・おおざっぱ　→　おおらか
・調子がいい　→　協調性がある

・神経質　↓　細かなところに気づく
・せっかち　↓　行動が早い
・他人の目を気にする　↓　人を気にかけて行動できる

など。さあどうでしょう？　モノは言いようですよね（笑）。短所がすべて長所に変わってしまいましたね。

もう一度言いますね。人の特性は表裏一体。短所に見える部分は長所が強く出てしまったものなのです。

自己肯定感を損なわず指摘する方法

とくに日本人に多い傾向として、何かを身につけようとするときに、または教えようとするときに、どうしてもできないことに着目しようとします。克服したり、直すことを重視します。そしてできないことを責めがちです。

でも人には個性があります。得手不得手があります。そうした個性を認める、活かすという発想をしていくと、「自分にはこんないいところがある」と思えるようになります。**自分を肯定しながら、どうしたらもっとうまくできるようになるだろうか？と学ぶ意欲がわいてくる**のです。

もし、今あなたが人に何かを教えるという立場にいる場合、もしくはそういうことを目指しているという場合、教える相手の特性をマイナスととらえず、プラスの表現にすると、相手の自己肯定感を損なわずに、受け取りやすく伝えることができます。

マイナスをプラスの表現に変える。

これはトレーニングしていけば必ずうまくなっていきます。

32

「信頼されてる」と思ったとき、力がわいてくる

「心配です」と言われ、泣きたい気持ちに

ＣＡの新人だった頃、もともと緊張しやすい性格の私は、いつも不安で不安でたまらないような毎日をすごしていました。

それでも、新人ＣＡには先輩がついて細やかに指導をしてくれるので、なんとかついていくことはできました。

先輩の指導内容は納得のいくものばかりで、日々吸収しようと必死だったことを覚えています。きっと先輩も「なんとかこの後輩を成長させよう」と一生懸命になってくれていたのだと思います。

そんなある日、私はいつも以上にミスを繰り返してしまい、ますます慌てて、すべて空回りする、そんな事態に陥りました。

その様子を隣のポジションにいる先輩が心配し、休憩時間にチーフにこんなふうに言っているのを耳にしました。

「三上さんのこと、心配です」

それは、後輩の面倒をみてあげたいという気持ちから出た言葉だということは、頭ではわかります。

しかしそばで聞いていた私は、「役に立たない自分」という烙印を押されたような気持ちになり、この場から消えたい……と、本当に悔しくて悲しくて恥ずかしくて、今にも泣き出したい思いで胸がいっぱいになってしまいました。

しかし、チーフはその報告を受けて、意外なことを言ってくれたのです。

「私は三上さんのこと、心配してないよ。できているところ、いっぱいあるから」と。

「できているところ、いっぱいあるから大丈夫」

その言葉を聞いたとき、今度は別の意味で、泣き出しそうになりました。

「できているところを見てくれてるんだ！」

「私のこと信頼してくれている！」

そして、その言葉を聞いた直後、**不思議と気持ちが落ち着いてきて、慌てることなく、空回りすることなく仕事を進めることができた**のです。


「心配」という言葉は、時に相手の力を奪う言葉だったりもします。

それが、相手のことをなんとかよくしてあげたいという言葉だったとしても、「心配」という言葉によって、自分のことを肯定できなくなってしまうのです。


できていないことを心配するのではなく、できていることを認めてくれて、「だから私はあなたを信じているよ」ということが感じられる言葉を聞いたとき、何とも言えない力がわいてきます。

こんな経験から、私は後輩に指導するときも、

「ここはできてるよ、今の段階でこれに気づけるのはすごいね。○○さんだったら次にここを意識して仕事をすると、さらによくなるよ」

と、期待と信頼が伝わる言葉を使って指導することを心がけるようにしました。

人は期待された通りの成果を出すもの

アメリカの教育心理学者ロバート・ローゼンタールという人がピグマリオン効果という説を提唱しています。

これは簡単に言うと、「人は期待された通りの成果を出す傾向がある」という説です。

人は、誰かに認められたいという欲求を持っています。

自分を認めてくれる人の期待にはとくに応えようとがんばるものです。それが人の成長や成果につながります。

まずは相手の可能性を信じ、できていることに目を向ける。そして、心配ではなく、

信頼を言葉にする。

そうすると人はどんどん伸びていくし、期待に応えてくれるようになるのです。

相手の個性はそれぞれで、自分とは違うということを認識する。

違いをその人の長所でもあることを認めて、否定せず、その上で目的の行動がとれるようにアドバイスをしていく。

すると、相手はただ教えられたことをやるだけではなく、自分でもっと工夫しようと意欲的に学ぶようになっていきます。

相手にはもちろん、自分に対しても、ぜひ意識してやってみてくださいね。

33

「いい関係」は「いい会話」からつくられる

おしどり夫婦は互いを「空気みたいな存在」にしない

私が普段仕事でお世話になっている60代のFさんという男性がいらっしゃいます。

あるとき、ＦさんとＦさんの奥様にお会いする機会がありました。

ご夫婦はとても仲睦まじいご様子だったので、「お二人はずっと仲がいいのですか」と質問したところ、奥様がこんな話を聞かせてくれました。

「何十年も一緒にいるとね、ほっといたらお互い気遣いもなくなってくるのよ。だからちょっとゲーム感覚でコミュニケーションを取るように工夫してるの。

たとえば、朝起きるとどちらが先におはようを言うかを競っていて、先に言ったほうが〝勝ち〟というゲームをしているのよ。

お互い朝から勝った負けたで盛り上がって、笑いからスタートできて、明るい雰囲気になるのよね。だから朝から機嫌よくスタートできるのよ」

また他にも、なるべく買い物は一緒に行く、相手の誕生日は忘れない、なんてことも意識して続けているんだそうです。


人生で長い時間をともにする夫婦。次第にお互いがお互いのことを意識しなくなり、何かしてもらってもそれが当たり前と思ってしまう。「空気みたいな存在」という言葉は、長く連れ添った夫婦の関係を表現するときによく使われる言葉です。

空気はなくてはならないものなのに、普段はあって当たり前で、空気に感謝することもない。それが空気であればまだしも、夫婦の関係がそれでいいのかなと、時折疑問に思ったりもします。

いろんな工夫を意識してやり続けているからこそ、よい関係が続くということを教えられました。

ちょっとしたことの積み重ねでできていく

また、私の友人で、部下からの人望が厚いことで有名なAさんという方がいます。

実はこのAさん、以前部下とのコミュニケーションがうまくいかなかった時期があったそうです。

部下の一人がAさんのことを「特定の人ばかりかわいがっていて不公平だ」と言っているのを耳にして、Aさんは大変ショックを受けたそうです。

「自分にはそんなつもりはなかったけれど、もしかしたら無意識に声をかける部下が偏っているかもしれない」

そう感じたAさんは、誰とどれだけコミュニケーションを取ったか記録してみたそうです。

そうすると、自分ではまんべんなく声をかけているつもりでも、話しやすい部下への声がけが集中していることがわかりました。

「そうか、自分では意識はしていなくとも、気づかぬうちに偏ってしまうものなんだ。

やはり意識的にコミュニケーションのバランスを考えていく必要がありそうだ」
そう考えたAさんは、それからはノートに誰と、どんな話をどれくらいの時間したか、記録を取ることを習慣にしてみたそうです。そうすると偏りが少なくなり、部下とのコミュニケーションも目に見えて円滑になっていきました。そしていい関係を保つことにつながったと話してくれました。

Aさんにしても、Fさんの奥様にしても、ちょっとしたことを「意識」してみたことで、コミュニケーションが変わり、そしてよい関係をつくることに成功しています。

そう、もうお気づきですよね。

いい関係があるからいいコミュニケーションが生まれるのではなく、いいコミュニケーションがあるからこそ、いい関係になっていく。

言われてみれば当たり前の話かもしれません。でも「ちょっとしたこと」だからこそ、おろそかにしてしまいがち。

もし関係がうまくいかないなと思う相手がいたら、AさんやFさんの奥様の話を参考に、ちょっと意識をして工夫してみてください。きっと何かが変わりますよ。

おわりに

有名なイソップ童話のひとつに、「北風と太陽」という物語があります。

北風と太陽が力比べをしようと、旅人のコートを脱がせることを競うというお話です。

北風は、なんとかコートを脱がそうと必死で風を吹かせます。そうすればするほど旅人はコートをしっかりと押さえ、脱げないようにします。

一方、太陽はただただあたたかく照らします。そうすると旅人はあたたかくなって、自らコートを脱ぎ、結局この勝負は太陽の勝ち。これが物語の結末でした。

コミュニケーションのことを考えると、いつもこの物語を思い出します。

人は、コミュニケーションが必要な場面で、いかに自分の思いが伝わるか、いかに自分の要望が通るか、いかに自分の思い通りの状況をつくるか、ということに終始してしまいます。そしてそれがうまくいかないと、ひと言つぶやきます。

「どうしてわかってくれないんだろう……」

また、相手がなんとか自分の思いを伝えよう、自分の要望を通そう、思い通りにしようという様子が垣間見えると、嫌悪感を覚えます。相手にコントロールされたくないと思います。

そうすると、対抗するか心を閉ざします。攻撃的に反論をするか、だまって距離を置くようになっていきます。

その様子は、さながら北風が猛烈な力で、旅人のコートを脱がそうとするが、それに抵抗してコートをしっかりと押さえる旅人そのものです。

自分のことをわかってもらいたいと思うのは、誰しも同じです。

自分が要望する通りになれば確かに気持ちがいいです。

でもそれは同時に、相手もまったく同じことを思っているのです。

人は、自分のことをわかってくれたと思うとき、その相手に対して心を開いていきます。自分の要望を受けとめてくれたと感じたときに、相手に対してもまた同じように応えようと思います。

「返報性の法則」というものがあります。簡単に言えば、人は何かをしてもらったら、お返しをしたくなるという心理です。コミュニケーションに当てはめれば、人は「話を聴いてもらえた」と感じたら、相手の話も聴いてあげようというふうになるのです。

そう、つまり自分のことをわかってもらいたかったら、自分の要望を受けとめてほしかったら、まず相手の思いを受けとめることが必要なのです。

旅人のコートを脱がせたかったら、力任せにコートを吹き飛ばすのではなく、旅人が自らコートを脱ぎたくなるようにするにはどうしたらいいかを、考えることが大事なのです。

私はこう思います。**話すこと、伝えることがうまくなりたかったら、まず聞く力を磨くことが大事**なんだと。

確かに、話すこと・伝えることは、発信することですから、その発信のわかりやすさ、流暢さ、話の構成の仕方、立ち居振る舞い、表情や間、そういったことはコミュニケーションをしていく上でとても大切な要素だとは思います。

でもそこばかり磨いても、北風の風力を高めることにしかなりません。

旅人がコートを脱ぎたくなるには、あたたかく受けとめる日差しが必要です。

相手の思いをどう受けとめるのか、何に注目し、何に配慮しながら、どんな相づちをうちながら、どんな言葉を投げかけながら聴くのか。そこが本当に大切なんだと。

「まず理解してから、理解される」。

それがコミュニケーションを円滑にするために最も大事な考え方です。

内向的な私は、人のことをとてもよく観察する傾向があります。外向的な人のように周りを巻き込んでいく力は弱いかもしれませんが、相手が何を望んでいて、何を期待しているのか、ということに静かに耳を傾けることができます。

自分の内面を深く見つめることが好きな分、相手の心を想像し、理解しようとすることも自然とやっているかもしれません。

一方、外向的な人が持つ、発信力や人を巻き込んでいく力、表現の豊かさなどは、コミュニケーションを取るときに、とても大きな強みであることは間違いないと思います。

あなたが、内向的な面が強いのであれば、それはあなたの短所ではなく強みです。
あなたが、外向的な面が強いのであれば、それはあなたの短所ではなく強みです。

大事なのは、**あなたらしさを活かすという考え方を持つ**ということです。
まずは、あなたらしさを理解した上で、本書に書いてある様々な「方法」の中から、これならできそうと思うものがあれば、まずはそれから取り組んでみてほしいのです。

やさしくて、聞き上手なあなたが、雄弁なあなたに生まれ変わる必要はないのです。楽しげでいつも明るく人を巻き込んでいくあなたが、静かに聴き入るあなたに生まれ変わる必要はないのです。

自分らしさ、自分の特徴を活かして、自分らしいコミュニケーションを磨いていく。そして今弱いなと感じているところは、そのコツを学んで、今までよりも少しだけ上手になれるようにチャレンジしてみる。そんな感覚でいいのです。

あなたには、あなたにしか出せないよさがあります。それは本当に尊いものです。それは神様からの贈り物かもしれません。

才能とはあなたが自然とふるまっていることや自然としている考え方の中にあります。英語では、それをGIFTと言うのです。

私は、内向的であることを、私の才能＝GIFTであると思っています。それが私のよさだと思っています。

あなたのＧＩＦＴは何でしょう。
ぜひそれを見つけてみてください。そしてぜひそこに自信を持ってください。
できない自分を責めないで、できる自分を見つけてあげてください。
認めて伸ばしてあげてください。
そんなメッセージを最後に、あなたに贈りたいと思います。
この本を手にとってくれたあなたに、心からの感謝を込めて。

２０１５年４月

三上ナナエ

〈著者紹介〉

三上ナナエ（みかみ・ななえ）

◇－大学卒業後、ＡＮＡ（全日本空輸株式会社）に客室乗務員（ＣＡ）として入社。失敗ばかりの日々を経験し、その中で自分なりの「気遣い、気配り術」を見出す。その後、チーフパーサー、グループリーダー、OJT インストラクターを経験し、後輩指導にも当たる。仕事ぶりが評価され、社内パンフレットや空港イベント要員にも抜擢される。フライト数は、のべ 4,500 回にも及ぶ。

◇－ＡＮＡを退社後は、セミナー講師として活躍。独自の切り口で行う接客・接遇・コミュニケーション向上セミナー、ビジネスマナー・第一印象アップ講座、プレゼン能力アップ研修などは、官公庁や商社、大学など多数で採用され、受講者総数は 14,000 人以上。年間 100 回以上の企業研修を任されている。

◇－著書に『仕事も人間関係もうまくいく「気遣い」のキホン』（すばる舎）がある。

【三上ナナエ　ホームページ】http://www.pro-manner.com/

気遣いできる人は知っている！　会話のキホン

2015 年 5 月 31 日　第 1 刷発行
2015 年 6 月 12 日　第 3 刷発行

著　者――三上ナナエ

発行者――徳留慶太郎

発行所――株式会社すばる舎

東京都豊島区東池袋 3-9-7 東池袋織本ビル　〒 170-0013

TEL　03-3981-8651（代表）　03-3981-0767（営業部）

振替　00140-7-116563

http://www.subarusya.jp/

印　刷――図書印刷株式会社

落丁・乱丁本はお取り替えいたします

ISBN978-4-7991-0426-2